·本书出版获得暨南大学高水平大学建设项目"中外语言文学学科"资助。

·本项研究得到中央高校基本科研业务费专项资金（暨南远航计划 15JNYH002）的资助。

对外汉语教学语感培养研究

赵春利 著

中国社会科学出版社

图书在版编目（CIP）数据

对外汉语教学语感培养研究/赵春利著.—北京：中国社会科学
出版社，2018.8

ISBN 978 - 7 - 5203 - 3004 - 6

Ⅰ.①对… Ⅱ.①赵… Ⅲ.①对外汉语教学—教学研究
Ⅳ.①H195.3

中国版本图书馆 CIP 数据核字（2018）第 185067 号

出 版 人	赵剑英
责任编辑	刘　艳
责任校对	陈　晨
责任印制	戴　宽

出　　版	中国社会科学出版社
社　　址	北京鼓楼西大街甲 158 号
邮　　编	100720
网　　址	http://www.csspw.cn
发 行 部	010 - 84083685
门 市 部	010 - 84029450
经　　销	新华书店及其他书店

印　　刷	北京明恒达印务有限公司
装　　订	廊坊市广阳区广增装订厂
版　　次	2018 年 8 月第 1 版
印　　次	2018 年 8 月第 1 次印刷

开　　本	710 × 1000　1/16
印　　张	12.75
插　　页	2
字　　数	200 千字
定　　价	58.00 元

目　　录

上编　语感培养理论

下编　语感培养实践

序

邵敬敏

　　春利是 2003 年秋开始跟我学习研究现代汉语语法的。经过十多年的辛勤耕耘，已经成为我国新一代有影响的中青年语法学家代表性人物之一了。对此，我当然由衷地感到欣慰。他洋洋洒洒的博士论文《现代汉语形名组合研究》早已于 2012 年出版，他的国家社科结题成果《现代汉语句末助词研究》也即将问世。可是，没有想到，他竟然不声不响地突然捧出一本关于对外汉语教学语感培养的书稿来，真是让我刮目相看，喜出望外。春利这部书稿叫作《对外汉语教学语感培养研究》，这里有两个关键词：对外汉语教学和语感培养。

　　说起对外汉语教学，其实我也不算太外行。较起真来，说不定还能挤进"前辈"的行列呢！1961 年我进北京大学中文系学习，我们语言班里有 10 多位外国留学生，当时可以说是全国留学生最多的一个班，我担任越南女同学陈春玉兰的辅导员，负责帮助她提高汉语的能力并帮助她整理老师的授课笔记。那当然也算是"对外汉语教学"了吧！20 世纪 80 年代中期，北京大学、华东师范大学等四所高校成立了"对外汉语教学"专业，第一次招收中国学生，范开泰先生和我授命组阁，那时我积极参与对外汉语的研究和教学，还是世界汉语教学学会终身会员。后来居然还心血来潮，主编了《HSK 汉语水平考试词典》（跟王珏、吴勇毅、徐子亮合作），而且我还带过两个韩国硕士生，指导过两个日本进修生。所以，对外汉语对我而言，并不陌生，起码算是"票友"吧。

　　关于语感，我一直很关注，也颇有兴趣。简单地说，语感，就是对语言的感觉。吕叔湘先生认为："什么叫语感？对于语言的各个方面或者某一方面的值得注意的现象能够很快引起注意，这就是对语言敏感，就是有很好的语感。"这就像打球要有球感、游泳要有水感、听音乐要有乐感、喝茶要有茶感、抽烟要有烟感，吃菜要有菜感、吃饭要有饭感。我们天天吃饭、喝茶、抽烟，那种感觉应该是很敏锐的。语感，首先表现为人们对外界语言信息的接收，包括对语言的识别、编码以及监控。其次就是把自己的意图借助于语言向外界准确而得体地传递。语感可以从不同的角度分类。包括直接语感—间接语感，低级语感—高级语感，正常语感—非正常语感，表层语感—深层语感，等等，这些都很值得研究。

从理论上说，说母语的人的语感，是应该比较出色的。但是，作为第二语言，要培养起非母语语感，那就需要付出很大的努力，要讲究理论与方法。这部书稿，就是从这两方面入手的，分为上、下两个层次。

第一层次是探讨有关语感的理论基础，其中有几个亮点是难能可贵的：

1. 从质、量、关系与模态四个角度，对语感进行了逻辑界定，指出"本质、认知、理解、判断和形成"五个新的内涵解释。

2. 从"语音中心论"与"文字中心论"不同的侧重点切入，提出了"构建言文合一"的新言文观。

3. 探讨"语言理解的特性"，分别从语感的"意义、层次、特性、机制、程度、类型"多角度进行分析。

4. 基于语感形成的内化转化以及语感判断的偏误分析，总结出语感培养的基本原则：语音与意义的内化原则、结构句式的模式化原则、文化传统的观念化原则。

第二层次是教学实践的总结和提升。涉及几个非常有创意的思考：

1. 比较全面地讨论语感训练的"语气教学""非言语教学""转换教学法"以及配套的"团队教学"。

2. 最重要的是，提出了语感教学的核心思想：以"读"为核心的多重教学技巧，包括信息转换教学法的基本策略与主要特点。

总的来看，该书稿有几点鲜明的特色。

第一，逻辑性比较强，条理清晰，步步推进，有条不紊，层层深入。章节之间体现出内在逻辑的张力。

第二，多角度、多方位的探讨，体现出一种立体的思维取向，从新的视角对"语感"进行理论思考。

第三，独立思考，敢于发表与众不同的见解，敢于破除旧说，结合汉语的特点，指出应该以"读"为核心。

第四，进行数据统计比较，结合图标，还提供了大量参考文献，具有一定的科学性和论证性。

据我所知，春利本科是中文专业，所以具有良好的中文底蕴，文学和汉语的基础都比较扎实；硕士学位攻读的是武汉大学的哲学专业（康德美学），提高了哲学的思辨能力和逻辑推理能力。1998 年毕业后就到中国海洋大学从事对外汉语教学，在第一线奋斗了整整 10 年（在职攻读博士学位 3 年，赴韩国教学 2 年），一直到 2008 年去香港理工大学做博士后，这才专门从事汉语语法研究。该书稿是他 10 年来从事对外汉语教学的总结和提高，可谓"十年磨一剑"。关键在于春利是个有心人，他并不沉溺于具体的汉语教学，而是从中进行思辨、概括、提炼，并且不断地汲取各方面的营养，最终培育了这么一棵挂满丰硕果实的新树。

我欣赏他的执着，也赞赏他的努力。人总是要有点想法，有点奔头，不能饱食终日，糊里糊涂，无所追求。我们普通的教师，在教学中间，在教学之余，是不是都应该想一想，有什么值得汲取的？有什么应该改进的？有哪些可以突破的？只有这样，我们的教学，我们的研究，才有希望一步一步地向前。所以，在有心人的眼里，到处是学问。问题就在于你能不能发现，能不能提炼。我今年 73 岁了，人老心不能老，要向春利这样的年轻人学习，希望一直保持这样的活力，这样的敏感，这样的坚持。与之共勉。

2017 年 3 月 21 日　暨南大学新明湖苑

导　言

　　语感的性质及其如何培养的问题一直以来都是对外汉语教学界试图解决的理论难点和现实难题。首先，本书试图从理论的本质、认知、理解、判断和形成五个角度分别探讨语感本质的逻辑界定、语感认知的言文合一、语感理解的特性机制、语感判断的偏误分析以及语感形成的内化转化问题，从而为对外汉语语感教学的实践操作奠定基础认知。其次，从培养实践的教学原则、教学内容、教学方法、教学验证、教学理念五个角度分别论述了语感培养的基本原则、语气教学、非言语教学、转换教学、团队教学、言语转化率和核心理念，从而为语感培养提供了系统的、可操作、可验证的高效教学手段。

　　首先，我们应该从理论上理清有关语感的本体论、认识论、理解论、判断论和因果论，下面分别说明。

　　（1）在驳斥了语感认识论、语感直觉论以及与此相关的语言符号论和语言工具论的基础上，我们从康德的质、量、关系、模态四个角度论证了语感内化论，即语感是语言符号的意义及其负载形式的内化，这为培养语感的信息转换教学法奠定了本体论基础。

　　（2）理清认知语言符号的意义与其负载形式之间的关系对培养语感至关重要。我们通过反对重言轻文的西方语音中心论和重文轻言的中国文字中心论，提出了既符合语感本质又有利于语感培养的"言文并重、言文转换"的"言"与"文"二元合一的言文合一观，即作为视觉符号的文字与作为语音符号的语音都是作为思维符号的意义的存储形式、传递形式和交流形式，这就为培养语感的信息转换教学法奠定了认识论基础。

（3）语感能力从信息的输入和输出角度看，包括语感表达能力（说、写）和语感理解能力（读、听），而如何理解语言符号的语感理解能力是培养语感的前提基础，因此，必须清楚基于语感的语言符号的理解有不同的层次、特性、机制和类型，从而对旨在语感培养的语篇教学具有重要的指导意义。

（4）如何判断留学生的汉语语感水平，从而据此有针对性地进行语感培养呢？对汉语教师来说，能从整体上掌握偏误分析的理论发展及其不同阶段留学生的偏误规律就成为判断语感水平的重要途径，通过分析留学生的偏误类型、内在动因、偏误来源和偏误心理，才可以因材施教地进行语感培养。

（5）从成因角度掌握"语感是如何形成的"可以为语感教学提供技术手段。通过反对语言技能分化论，并结合语感的本体论、认识论、理解论和判断论，我们提出了语感形成的内化转化理论，即语感是在语言的不同信息存储、记忆和交流形式的内化而形成相应的"读、听、说、写"不同语言能力的基础上，借助不同信息存储、记忆和交流形式的转化在由控制性较强向自动化较强的演化过程中逐渐形成的，因此，在语感培养中应该特别重视如何运用语言符号不同信息的存储、记忆和交流形式。

其次，我们还要从教学实践上根据语感理论（本体论、认识论、理解论、判断论和因果论）设计系统的、可操作和可验证的高效教学理论。

（1）从教学原则上，不同于母语的语感培养，第二语言的语感培养必须在遵循语感内化理论和言文合一观的基础上，结合理解论、判断论和因果论，提出具有先后顺序和高低层次的语感培养的三项基本原则：内化原则、模式化原则和观念化原则。

（2）从教学内容上，分两章讨论了两类核心的语感培养内容：语气教学和非言语交际要素教学，不仅系统地论述了语气的本质内涵、运作机制、基本类型、体现形式及其对应强度，并从形式和意义两个角度界定了语气教学的基本内容、编排原则和教学策略，而且还全面地考察了对语感培养具有重要作用的非言语交际要素的性质、特征、内容及其教学策略。

（3）从教学方法角度，我们以信息转换教学法（国内）和团队口语教学法（韩国）为例分两章详细地进行了论述。无论是初级、中级汉语水平，还是高级汉语水平，信息转换教学法在促进来华留学生的"读、听、说、写"四种汉语能力的内化和转化上具有非常有效的效果。而团队口语教学法在借鉴了信息转换教学法的基础上，以韩国为例，针对在韩国学习汉语的韩国学生提出了中韩教师团队合作的教学模式，不仅有利于激发学生的学习兴趣，而且有利于培养留学生良好的汉语语感。

（4）从教学验证角度，通过对六个学期使用传统教学法的六个控制班和使用信息转换教学法的六个实验班的平行对比，基于大量数据统计从词汇、语法和句式的视听、听口和视口转化率角度验证了采用信息转化教学法的实验班的各项平均的转化率（83％）比采用传统教学法的控制班（73％）高出 10％，语感培养效果显著。

（5）从教学理念角度，我们以信息转换教学法为核心，以语感培养为主旨，把培养语感的核心理念归结为"三三三制"，即视听读、视读、听读三个技巧；言文合一与强弱转换、循序渐进与点面结合、因材施教与张弛有度三个策略和信息删减从具体到抽象、信息流动从外在到内在、言语能力从分化到整合三个特点。

总结起来，本书的总体框架如图 0—1：

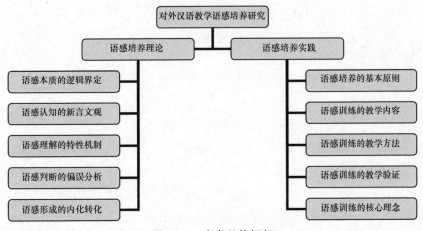

图 0—1　本书总体框架

上　编

语感培养理论

第一章　语感本质的逻辑界定

　　语感的本质问题无论在对儿童习得母语过程的研究中，还是在第二语言或者外语的教学中，都是一个极其重要而又论说不清的问题。但是，近二十几年来，在语言哲学、普通语言学、理论语言学、心理语言学、社会语言学、计算语言学、应用语言学以及语言教学理论等学科中，很多学者都从不同的角度对语感的本质、语感能力进行了讨论、界定、分类、描述，取得了很多学术成果。当然还有许多人对语感的本质仍停留在低级的感性认识或者直觉、体悟等具有神秘色彩的认识上，本章在前人研究成果的基础上，从质、量、关系、模态四个逻辑范畴角度对语感的本质给予界定，以理清语感中的某些问题，为语言学理论和语言教学提供一定的借鉴。

第一节　语感的质的规定性

　　人们在言语行为中，无论是理解过程（听或者读）还是表达过程（说或者写），并非凭借我们的理性思维把字音或者语音片段完全客观地联系于客体事物，以达到对语义纯客观的理解掌握；而是凭借积淀在我们每个人的人格结构中的文化传统模式、个人知识经验、生理心理状态、交际目的与习惯等诸多民族化和个体化的因素将语音片段联系于客体事物及其之间关系时，都或多或少地将语义、段义、篇义本族化、个人化。从习得母语来看，语感是"某一民族语言的使用者对本民族语言的"内化的结果（邢公畹，1981：15）。因此，语感作为交际过程，从质的规定性上可以说：是自觉或非自觉地对语义、段义、篇义的不同程度的内化。也就是说，语感就是意义及其负载形式的内化。

内化无论对于一个民族还是单个个体都是一个复杂的动态演变过程。在这个过程中，意义的内化有着很强的非自觉性特征，并且语感的表现形式有着有机整体性而不具有逻辑判断的可分析性，其心理感受过程也由于语感在时间上的瞬间性而扑朔迷离，带有直觉性。正是由于语感在过程、表现、感受等方面所呈现的这些特征，许多人在性质上把语感界定为一种感性认识（认识论角度）或者直觉（心理学角度）。

首先，从认识论角度给语感的定性有不妥之处，语感并不是一种认识，更不是一种低级感性认识。对使用一种语言的民族来说，语感是内化了的思维模式，因为儿童习得母语的过程与认识事物的认知过程、思维形成过程是一致的，母语和思维的内化是一个过程的两个方面，不凭语言的思维和脱离思维的语言都是不存在的。语感除了以本族化了的思维方式存在以外（如果一个人同时掌握好几种语言，语感就以几种语言思维模式存在。从一定意义上说，学习一种语言就是学习这种语言所负载的思维模式），对单个个体而言，语感表现为一种语言能力。听说读写是第一语言能力，交际能力是第二语言能力，语感是第三语言能力。语感是一个人在对一种语言长期的学习和使用过程中，使这种语言的语音、语义、语法、语用规则以及此语言所载的思维模式逐步综合内化或习惯化为一种语言感知能力、识别能力。就某一言语行为或某部文学作品而言，它像艺术作品一样，是一个不可分割的有机整体。就像我们在欣赏绘画时，不可以把组合成绘画的诸多色彩和线条分割开，探测和感知每种颜色的深浅和每一线条的长短曲折，甚至事物本身的逼真程度或抽象程度，然后形成理性认识来证明艺术品的美丑一样，作为高级语言能力的语感能力，它对言语或语义的感知，也绝不会把语音、语义、语法、语用规则按先后的时间顺序机械地逐一分开，给予识别，形成感性认识，然后综合形成对交际内容的理性认识。与此不同，语感在形成过程上的综合内化性和非自觉性，在表现形式上的有机整体性和快捷性，在心理感知上的体验性和非逻辑性，使其远远高于听说读写能力和一般的交际能力。语感能力的高低代表一个人掌握语言水平的高低。因此，就个人而言，语感不是认识而是能力。

其次，从心理学角度定义语感为直觉论，即根据语感的非分析性和瞬间性心理特征提出带有一定神秘色彩的语感直觉论，只是看到了语感的表面现象。固然，语感能力形式上具有非理性、非逻辑、非操作等某些神秘色彩的特质，但这只是非本质的现象。作为能力，语感能力仍是思维能力的一种，它仍然以概念、判断、逻辑、理性以及情感为底蕴，是诸种因素的有机结合，无论是儿童习得母语还是儿童与成人学习外语，无论是伴随语言习得的民族思维形成过程还是个体带有意向性的语言解读，都可以看到语感能力中理性与情感的印痕。尽管说，语感能力并不是在理性的直接支配下自觉完成的，但思维的意向性与情感的倾向性构成了语感能力的两翼。例如（1）：

（1）a. 小王什么时候进去的？
　　　b. 进去两年了。
　　　a. 还有几年？
　　　b. 还有三年。

中国人一听这一对话马上知道，小王两年前进了监狱，尽管对话中没有出现"监狱"这个词，但这样的对话经常出现在谈论进监狱的语境中，所以中国传统的避讳坏事心理在思维的意向性上不自觉地指导着听者读者的语感方向，即与"坐牢"联系起来。语感能力的情感倾向性在个体的对话中尤其明显，阿Q由于头秃，就特别忌讳电灯、光、亮等词，一听到别人用到这些词就生厌恶之情，尽管别人并非有意与他作对，但情感上的怕揭疮疤弱点的心理时时指导着他的语感倾向，因此他对"秃""光""亮"等特别敏感。另外，语感能力的培养过程更能揭去语感的神秘面纱。语音（当然包含语义）、语法（包含思维模式）、语用（包含语境和文化传统）等语言因素操练的层次性、阶段性、动态性使语感能力的提高过程看得很清晰，一个人语感能力的高低就是以对语言因素的熟练程度和内化程度为外在标志的。

最后，语感内化论在反对语感认识论和语感直觉论的同时，还可以为反对语言符号论或者工具论确立坚实的基础。一切以观念形式存在的要素（意义、情感、思维、习俗等）都可以蕴含在语言中，都被语感能力充分表现出来，因为语感本身就是这些要素的内化，而这些要素又构成了人类社会赖以生存、繁衍、栖息的基本生命形式。从历史演变来说，语感是诸种历史观念、情感、意义、思维等通过内化当代人而活化当代人，"语言始终已经在我们之先了，我们只是一味地跟随语言而说"（海德格尔，1996：1082）。同时，当代人又将自身创造的精神财富注入语言从而丰富语言的内容，并通过语感的习得与培养指导、激活后代人的生存状态。因为"语言是人类存在的家园"（海德格尔，1996：1068），从这一意义上，可以说，体现掌握语言最高形式的语感是以观念的形式通过语言传承历史内容的精神纽带。正如弗斯所言："语言是人类的生活形式，而并不是强行规定的符号和标记"（J. R. Firth, 1959：297）。把语言看作人类特有的交际工具、传输符号的工具论者，仅仅说出了"言有所用""言有所指"，没有从生存论角度解读出"言有所为""言有所使"。在言语行为中，如果听者不关涉内化在言者语感中的情感、传统、思维等言外之意、弦外之音，只就言语所传的理性信息来理解言者的目的，这是不可能的，充其量只抓住一点儿皮毛。"言不尽意"已指出了言语除了含有本义以外，还有引申义（诸如文化义、情感义、语境义、目的义）。有些意义是临时义，必须结合言者的各种背景状态和所用语言来解读话语。从这个意义上说，人是语言的主人。工具论者或多或少地忽视了语言的这一特质，更为重要的是它遮蔽了语言的能动性，因为语言是有生命的，我们不仅凭借语言表情达意，而且倾听语言（语言的内在形式为思维与情感）的呼唤，依语言所使行动。"言有所指"只是现象，"言有所使"才是目的。"使"是思的接受、情的感化、行的实施、果的获得。语言在指使我们思考与行动时，一方面我们尽量忠实于言语的本义，听其所使；另一方面我们又把本义主观化、经验化，提炼并丰富其引申义。言者依自身的心境、情感、目的、文化等而赋予言语本义的阐释性意义（表达义）与听者所理解的意义（理解义）有时相符、有时相左、有时相反（反语）。相左是绝对的，相符是相对的。同一个人（杜甫），同样的花，既有"感时花溅泪，恨别鸟惊心"的伤感，又有"晓看红湿处，花重锦官城"的喜悦。言者借语言的诸种意义传达内心的情感，并以此激活积存于读者与听者内心的诸种观念与感受，使他们借语言在情和意上与言者交流、共鸣，达到相对默契。内心的各种体验（喜、怒、哀、乐）是真实的，每人不同程度地都曾感受过。而语言本身却无所谓痛苦与欢乐，言者是借助语言所构建的意义组合体唤起听读者的类似或同样的感受，并促使他们依言语所指与所使去思考、去行动。从这个意义上说，人是语言的奴隶。而语感既是语言的解读能力，又是语言的表达能力。

第二节　语感的量的规定性

言语行为活动是由言者→言语←听者（独白的听者就是言者自身）组成的，可划分为主体要素（民族与个体）与客体要素（语言和言语）。言语行为中语感的量的特征、能力差异和阶段划分是相对主体而言，语感的类别是相对客体语言而言的。

首先，从语感的质的民族思维模式和个体情感模式可以引申出关于语感的主体量（普遍性）的两个层面。

第一个层面，就语感能力的整体的思维意向性而言，语感表现出一定的民族共性。语感共性是使用同一母语或者精通这一语言的个体所共有的语感模式，它基于共同的思维模式、思维意向和文化情感。每一个民族成员都明显地表现出区别于其他民族的某一共同特征。当然，一个民族的心理状态、审美情趣、文化习俗、价值观念、生活方式、思维方式、道德标准等方面都表现出共同倾向性，都蕴含在民族语言中，而言语行为中的民族语感在综合诸种共同倾向性的基础上更为突出地表现出民族共性。例如，汉语中表示范围的副词"都"一般放在复数名词或任指义疑问词的后面，表面是总括全部，实际是强调全部中的每一个，同时指出后面动作、行为、状态、性质等的无例外性。可以说，范围副词"都"是一个典型的二价副词。"青岛四季都很漂亮"。"都"既限指前面的春、夏、秋、冬每个季节，又限指后面属性"漂亮"的共有，表现了中国人思维方式上"瞻前顾后"的特点。另外，民族间的时间观念也有差异，中国人以大一点儿的时间单位为参照系，而英国人却优先参照小的时间单位。例如：如果当下时间为星期三；对"下星期六"（Next Saturday）的理解不同，中国人以"这个星期"为参照意指"下个星期的星期六"，而英国人以"这个星期的当下时间星期三"为参照意指"这星期的尚未到的星期六"，这是民族间时间思维的差异（吕文华、鲁健骥，1993：42）。从第二语言学习角度看，中介语理论所揭示的介于学生母语与第二语言之间独立动态的中介语体系，不仅仅是民族间语言诸要素互相影响、冲突、交叉、迁移、互补的产物；从深层次上说，更是思维与情感模式互相矛盾、交融的结果，而民族间思维模式的差异是中介语最深刻的最内在的矛盾。语言是思维模式的有形形式，每一种语言都是某种思维模式的外在形式，所以，民族间的语言差异的内在原因是思维。

第二个层面，就语感能力的个体的情感倾向性而言，语感表现出一定的个体差异性。个体差异性只是民族共性下的诸个体间的相对独特性，因为脱离某一民族思维模式即语言的个体是不存在的。

一方面，从作为主体的言者与听者看，语感的个体差异最明显地表现为表达义与理解义的冲突。尽管表达义和理解义都基于言语的理性本义，但仍有很强的主观性，并且两者与具有多重含义的语义的关系并非一一对称。

(言者倾向性) 表达义→语义←理解义 (听者倾向性)
↓
(本义、文化义、语境义、情感义、目的义)
↓
(客观性、多层性、动态性、俗成性)
↓
(意义因素)

图1—1 表达义与理解义的非对称性

　　一般来讲，在情感倾向上，言者总是力求让言语突出表达义，听者也努力借言语抓住表达义，这是言语行为的交际原则的作用。例如：

　　（2）a. 老王，今天天气不错！

　　　　　b. 真是难得的好天。

　　这里本义并不重要，重要的是围于同一语义内的两者的表达义与理解义在文化义礼貌原则上的共鸣，语感倾向基本一致。

　　（3）a. 老王，今天天气不错。

　　　　　b. 我们去海边钓鱼吧！

　　这一话语中 a 的表达义可能是重文化义，也可能重目的义，但无论如何 b 的理解义却重目的义或语境义，语感倾向一致或不十分一致而需进一步解释。

　　（4）a. 老王，你身体好点儿了吧！

　　　　　b. 谢谢你的关心，我比以前好多了。

　　a 的表达义着重本义或文化义或目的义或兼而有之，而 b 的理解义却重情感义或文化义，语感倾向部分的重合。

　　（5）a. 今天天气有点儿闷热，是吧？

　　　　　b. 对，可能要下雨。

　　　　　c. 我把窗户打开吧！

　　a 的表达义具有语义中的各种可能性，而理解义 b 重语境义，c 重目的义，表现了同一语义域内的不同倾向。

　　这些言语行为的表达义与理解义之间都有不完全一致的方面，但是它们都是在交际原则指导下在同一语义范围内的观念碰撞和交流，所以语感的个体差异属于可交流、可理解范围内的差异，在这方面，差异是绝对的，默契是相对的。当然也有言者故意借语感的转折暗示表达义以及听者故作不解而言他的时候，这是言语行为的暗示原则的作用。"暗示"既然是"暗"就有表达义和理解义的语感流吻合或不甚吻合或不知所云而无法沟通的情况。

　　另一方面，从语感能力的高低看，个体差异又表现为层次性。对母语的语感能力的习得过程分为低、中、高三阶段。两三岁的儿童由于生活范围小，主要涉及与他们的日常生活关系密切的事物名称，认识能力和辨别能力较低，所以语感能力就比较低，能听懂一些字数不超过八个字的陈述与疑问单句、无主句、省略句，并且听的语感片段远远大于说的语感片段，其中，名词、动词、数词占多数，内容狭窄意义浅显。从四五岁到十一二岁的少年，随着思维能力的提高和生活范围的扩大，听的语感片段可以达到五至十三个字，听与说的语感片段的距离缩短，复句的比例逐步增加。到十七八岁的时候，思维模式已随着文化传统和负载事物意义的语言的内化而趋于基本定型，语感能力与理解能力已与成人相差无几，只是知识面与生活经验不足而影响对一部分信息的语感。

对非母语的语感能力的培养过程也同样分为低、中、高三阶段，特别是成人对目的语的学习。母语内化已定型的成年人在学习和习得目的语的语音（语汇）、语法、语用（文化），甚至思维习惯的过程中，与儿童习得母语的阶段性相似，在语言的诸因素中都有一个由易到难、由少到多、由快到慢、由形式到内容的转变磨合期。不同的是，习得母语的过程与认识事物和形成思维的过程是同一过程，而目的语的学习始终受母语和目的语的双重影响，并在中级阶段创造一种动态独立的"中介语"，当中介语从负面影响较大到逐渐减少以致自身消失的时候，母语与目的语基本上在同一主体的思维水平上与相同的交际目的和功能的驱使下趋于自由的转换，学生可以形成"双向语感能力"，它是在母语和目的语的诸语言要素的质和量内化达到一定程度后，一种基于相通的思维能力和相同的交际目的而对双语的自由组合与转换能力。两个学习英语的中国学生这样对话，初级如（6），英语与汉语在语法与语音上（包含语义）自由混杂而交流无碍，中级如（7）：

（6）a. We 应该把 her 送到 hospital。

　　　b. of course.

（7）a. Can you tell me your 电话号码？

　　　b. My 电话号码 is 五九〇二二三四。

中级对话采用了英语语法（已内化）与英汉词语交叉混用的形

式，语感能力在双语间的组合中自由转换并不妨碍理解。

其次，从语言的组成要素和关涉要素角度来划分语感的结构。吕叔湘（1984/2002：153－154）从理论语言学角度认为：语感"包括语义感，就是对一词的意义和色彩的敏感。包括语法感，就是对一种语法现象是正常还是特殊，几种语法格式之间的相同相异等等的敏感。当然也包括语音感，有的人学话总是学不像，就是因为对语音不敏感"。这种要素划分为我们确立了基本的研究视野，随着语言学内在本体论和外在边缘学科研究的发展，结合结构主义、转换生成学派以及功能学派等的有关观点，语感能力的形成的层次性与组成的结构性如下：

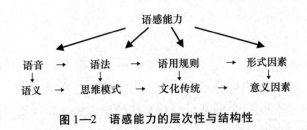

图1—2　语感能力的层次性与结构性

从语言学习的阶段性上可以划分出三种由低到高的语言能力，即由语音（语义）到语法（思维模式）的听、说、读、写能力、由语法（思维模式）到语用规则（文化传统）的交际能力、由语用规则（文化传统）到形式因素（意义因素）的语感能力。最终语言的诸种因素都通过意义及其形式的内化而为语感能力所自由支配。

第三节　语感的关系规定性

从主体与言语行为的关系看，语感能力包括自由创造能力和能动解读能力。

首先，主体在创造性地运用语料表达思想的时候，应该坚持合规律性与合目的性相结合的原则，合规律性是主体在语言负载的思维模式的潜在指导下，通过组合聚合的复杂活动构建的语句在语词的搭配、语义的关联、语法形式、语用规则等方面合于语言的约定俗成的规范和言语的功能；合目的性是指语句的功能合于主体的主观意向。在合规律性的前提下，主体在自由而创造性地组合聚合出可供选择的众多的语句后，合目的性地在情感意向的驱使下作出最后的选择。当然，这些心理活动的完成是瞬间的，带有非自觉的特征，这是内化的、能力化的语感的必然结果。语感能力在表达上的自由性既是有限的又是表面的，有限性是指它必须在合规律的篱笆中自由地创造并做出选择；表面性是指语句的组建如此迅捷，甚至说出的合乎言语规则的梦话都表现出无意识的特征，以至于人们认为语感是潜意识的，实质上，语言的诸因素已在人的大脑语言区内化并构造各种栅栏，自由可以，但不要冲破栅栏。例如（8）：

（8）a. 我好容易才买到那本书，被朋友借了一天就弄丢了。

b. 好歹你总算先看完了，不要生气。

a 既合规律地表达了书难买而被他弄丢的事实，又合目的地透露出不满意、不高兴的情感意向。从局部来看，主体在确定"好容易"之前，由于"任何一个词都可以在人们的记忆里唤起一切可能跟它有这种或那种联系的词"（索绪尔，1980：175），所以根据近义同义联想的原则，一定会涌现很多同义词语，如"好不容易、很不容易、非常困难、费了很大劲儿、费了九牛二虎的劲儿、跑了很多地方"等，但最终选择了"好容易"。一方面，是由于有的词语搭配不当，另一方面，是因为情感程度、色彩和个人习惯。同样，b 选"好歹"而不用"不管怎样、无论如何"是语用的口语原则与书面语原则的不同，另外，在整体上语句的功能也达到了退一步而宽人心的目的。

其次，能动性的创造能力与解读能力反映了言语行为的本质和主体语感心理与思维的复杂性。

众所周知，僵死的语词只有放在言语行为中才能鲜活起来，而每一个浸泡在文化传统中的语词又都是文化基因的携带者和昭示者，并以自己独有的方式成为历史观念链条上的一环。因为"一定的语言状态始终是历史因素的产物"（索绪尔，1980：108），言语行为就是使语词的历史观念意义活起来。同时，每一个主体凭着自己的个性、情感或民族以新的文化内涵扩充着语词的义域，在言语行为中附着在语词上的新的意义得以固定化，甚至以强大的生命力遮蔽以致消除了旧义。当然，每个语词又是敞开式的，它期待着被使用、被解读、被赋予新义。

　　主体凭语感能力借助话语表情达意或体情会意时，在心理上对话语形式因素保持适度的动态距离和悬置，在思维上沿着话语的意义之流去综合本义、赋予新义、揣摩言外之意。这是话语的形式因素与意义因素的矛盾在主体思维与心理上的反映。也就是说，无论是言者的表达，还是听者的解读，在思维与心理上都应该保持适度的紧张度。

　　从表达看，动机过强往往破坏形式与意义的动态平衡或使一方压倒另一方，这也在一定程度上解释了为什么人们在过度紧张、着急、恐惧、惊讶的时候，说不出话来或语句不畅。学习汉语的留学生在语感能力较低的时候，往往难以掌握两者的平衡而表达有误，已经学过"见面"词法的学生在流畅地表达思想时，常常说："星期天我要见面我的朋友。"这是意义动机压倒了形式动机，如果他听到别人说出这样的话，他却会马上指出错误之处。一旦他专注形式因素时，却使说的意义破碎，磕磕巴巴，语无伦次，正如语言学家韩礼德（Halliday, 2004：xxv）所言："在言语活动中，我们的表达并没有思索语词，谈话就像走路，如果你考虑它的话，你会被绊倒。"之所以造成这一情况，是因为人的思维与心理的意向性，也就是说，人在当下时刻只能思维或感知一个或长或短的单位，而必须淡化抑或悬置其余的因素，使它们化为背景或附着因素，如同我们认真工作时耳边响着的轻音乐，刺激不大却轻敲着我们的心灵上的每一根弦，不是不存，只是存而不觉，它们时刻都在意识域里浮动，只是不唱主角。在言语活动中，语感能力较高的主体都会把语言在形式整体上消解、遮蔽、淡化，思维与情感沿着意义的链条求索词间所指与能指的共域和结合点，以求组合的意义合于目的。也只有在可听、可视、可感的形式因素被悬置被存而不觉的时候，恰恰正是其起作用的时刻，并且唯有如此，形式因素才真正成其所是，敞开其在言语行为中应有的本质（一旦意识的意向转向它们时，它们并非其所是），也就是说，形式因素的本质就是在未被关注时敞开其所载负的意义因素的全部内涵，使可

17

思的意义因素在形式因素的无遮中展其所是，从而各自成就本质。因为"活的语言根本意识不到语言学所研究的语言的结构、语法和句法"等形式因素（伽德默尔，1967：64）。只有在主体的意向对象不是话语的形式因素而是意义因素，并且主体在目的与情感的驱动下自由地选词造句以表情达意时，语感的表达能力才达到很高的水平。从这个意义上说，语感能力还具有无意向性（对形式）而合于意向性（对意义）的特征。

当然，语感的解读能力也不例外，除了听者与言者需保持适当的物理距离以便听清以外，在心理和思维上也应平和适度。如果精力过分集中于相对来说较小的言语片段（字、词、句），而中断前后言语片段的联系，则整体的语感就会消失，不知所云。反之精力过分涣散，注意力常常溜号就会断章取义。当然，话语的准确度、清晰度是解读的外在必要因素，随着语感能力的提高，对这些因素的要求也会有所降低。此外，至关重要的是形式因素的习惯化、熟练化以及形式因素所负载的意义因素的内化，特别是扩展语感单位的形式长度和浓缩语感单位的意义含量，实际上，形式因素的习惯化过程本身就是意义因素的内化的过程，是一个过程的两个方面。通过这个过程，语感能力得以提高。

语感的解读能力还存在着贴近话语本义与主观理解度的矛盾。无论对于言者还是听者来说，"一种形式的意义只不过是他在某些环境里听到这个形式的结果。如果这个形式他听得很少，或者如果他是在使用这种形式的异乎寻常的情况下听到的，那么他对于这个形式的运用就可能跟一般的习惯不同"（布龙菲尔德，1980：182）。因此，对同一话语的使用与理解，有时候人们会有极大的差异，从文化差异看，由于一种言语行为意义在某种文化传统里常常被强调某一方面从而产生误解，例如，一位中国老师对一个发音不清而又不喜欢说话的澳大利亚留学生说："请你到第一排来坐，你能听得清楚，模仿发音。"老师只是想帮助学生，而学生却认为老师看不起她、歧视她，这一行为在中国常常出现在老师关心照顾学生的场合，强调其关爱功能，而它在澳大利亚却从个体独立角度意指不尊重学生。即使属于同一文化域的人们也常常有冲突。例如，一对生活多年的恋人曾经许诺他们是自由的，但任何一方不许做伤害另一方的事。后来，当男方与别的女人鬼混时，女方（a）与男方（b）发生了激烈的争吵，如（9）：

(9) a. How can you do this when you know it's hurting me?

　　b. How can you try to limit my freedom?

　　a. But it makes me feel awful.

　　b. You are trying to manipulate me. （George Yule，1996：115）

表面上看，两人是意愿的矛盾。从深层次说，是对许诺含义的不同理解而导致的冲突，即男方关注行为上的独立自由还是被干涉；女方强调情感上的相互依靠的自由融洽感还是被伤害。

当然，文本与解读的矛盾是绝对的，达到完全的文本客观主义几乎是不可能的。原因多样，涉及主体的文化传统、思维模式、情感心理、知识背景、生理状况等各种各样的因素。

第四节　语感的模态规定性

语感的产生是必然的，这种必然性基于人类的思维本质，如果说其他动物也有思维能力的话，那么它们的思维意向和信息传达都受本能支配，以个体和群体的自存自保本能为基点趋利避害，带有当下性。而人类不像动物只依靠简单的声音、表情和动作这些缺乏传承性且难以形式化、固定化的手段，还要随着人类思维意向的自我意识与对象意识的分化，在思维上将声音与意义逐渐固定化，又由于人类的思维的时间连贯性，在过去和现在固定化了的音义日益丰富的基础上创造语言，并可以将语言的意义指向未来。语言的产生拉远了人类与其他动物的距离，在巩固了自我和对象分化的成果的同时，还将自然界和人类自身分门别类地意义化、形象化、社会化。可以说语言是开启人类自身与自然的钥匙，"人是通过把握概念来把握自然界的，并且是通过把握语言来把握概念的，而语言，作为人们相互之间思想交往的工具，正是一种'主体间性'[①] 的媒介，因此，人又是通过社会

---

① "主体间性"是指人与人之间的性质，即英文"intersubjectivity"。

性的交流来把握语言的"（邓晓芒，1986：75）。每一个民族都具有思维能力，都需要传达信息作出判断以促进行动，也都创造了基于不同自然地理环境的语言，尽管语言不通，但语言的基点都是思维能力，语言又都是指向传达信息的功能。

因此，人类在创造作为思维与功能的桥梁——语言的同时，语言也以其自身的形式和意义将人的思维模式化，将功能固定化。

（人的本质）思维←→语言←→功能（人的指向）

形式　意义

图1—3　语言的思维模式化与功能固定化

一方面，人通过思维把语言形式所负载的关于人类和自然界的意义世界与自然界（包括自然的人和人的自然）区分开来，同时，语言成为人理解把握自然界的演变规律并使其在人与人之间交流的通道，但这只是语言的消极意义。另一方面，人在使用语言的过程中，也就是说，语言在履行人类给予的使命的过程中，不仅将人的思维在音义习惯化中模式化、形式化，而且在功能上直观化、教条化。作为思维和功能的桥梁的语言在历史的沿革中总是有一种使思维与功能客观化和僵化的倾向，尤其重要的是这种倾向把形式负载的意义内化形成语感能力。这是由人类思维的本质所决定的语言的本质的必然结果。语言的生命力由人给予，反过来又钝化人的创造力。它在蕴含传达人类的经验知识的同时，又把它们变为使用者的僵死教条，从而使"我们所有的思维和认识总是由于我们对世界的语言解释而早已带有偏见……在这个意义上可以说语言是人的有限性的真实标志"（伽德默尔，1967：64），人类为自己编织了语言的牢笼。

事物的发展总是有两面性的，英国经济学家哈耶克（F. A. Hayek，1991：10）说"一方面，我们是自己命运的创造者；另一方面，我们又是我们所创造的观念的俘虏"。语言学也是这样，我们在创造运用语言的过程中，我们达到了目的，我们是语言的主人。但语言也利用我们获得了生命，在一定程度上指导着我们的意向，我们又是语言的奴隶，我们为自己铺设了通往奴役的语言之路，人在奴役之路的行进中，语言将其形式所负载的意义内化形成人的语感能力。这无论对于民族还是个人都是语言发展的必然，更是具有思维能力的人类本性的必然。

需要说明的是：语感能力是意义的内化的结果，而不是思维的内化的产物。人类区别于动物的本质特征就是思维能力，它不是外在于人类的东西，而是存在于人自身的能力，所以无须内化。另外，思维能力与思维模式不同，思维能力是人的本质，是人所共有的，而思维模式是人的思维被其所操的某一语言固定化、模式化的结果。当然，从理论上说，我们从思维推演到自我意识、对象意识的分化进而以思维及其指向为指导创造出语言，这只是逻辑前提和理论顺序，是反思的结果。因为我们只能在语言中进行思维，我们的思维只能寓于语言之中，脱离语言的思维和脱离思维的语言都是逻辑的前提，因此，我们说每一个主体或者民族有着一种或几种语言化了的思维模式，语言的生命力是语感能力培养和形成的动力和基础，正如我们离开世界存在一样，我们总是处于语言之中，甚至做梦都在运用语言，更别说我们一思维就掉入了语言的窠臼。但是无论如何，从人类学意义上看，思维与功能都是语言产生不可缺少的前提与指向。

语言的思维模式论在语言教学、特别是第二语言教学中有着十分重要的意义。在听、说、读、写能力和交际能力的培养训练中，既尽量使语音、语法和语用规则这些形式因素习惯化，又要使它们分别负载的语义、思维模式和文化传统这些意义因素在形式因素的习惯化中内化，而坚持语音与语义、语法与思维模式、语用与文化的讲解和训练的结合是语感能力形成的根本保障。在训练方式上，依赖言语材料的阅读和跟读、脱离言语材料的听读和背诵以及情景对话和自由发言等在促进形式及其意义内化、形成目的语所载的思维模式以及培养较高的语感能力上都有不可忽视的作用。

总之，语感的本质是形式因素及其所负载的意义因素的内化，不是感性认识和直觉，而是一种能力。从使用主体看语感的普遍性表现为民族的思维共性和个体的情感倾向性；从语言的结构本身分出了语感能力普遍存在的形式因素及其意义因素。通过对言语行为中的诸种关系分析，我们可以看到言者创造能力与听者解读能力的动态的心理与思维的复杂性，深刻地揭示形式因素与意义因素之间动态的矛盾和相互依赖性，即无意义的形式和无形式的意义在语言中都是不可想象的，同时说明"于无形式处意义显现"的道理。最后，语感产生和存在的必然性基于人类的思维本质和语言的特性及其生成力。

【参考文献】

［1］［德］海德格尔：《语言的本质》，载《海德格尔选集》，孙周兴译，上海三联书店 1996 年版。

［2］邓晓芒：《关于美和艺术的本质的现象学思考》，《哲学研究》1986 年第8 期，第 75—80 页。

［3］吕叔湘：《中学教师的语法修养》，《中学语文教学》1984 年第 10 期，转载《吕叔湘全集》第十一卷，辽宁教育出版社 2002 年版，第 149—155 页。

［4］吕文华、鲁健骥：《外国人学汉语的语用失误》，《汉语学习》1993 年第1 期，第 41—44 页。

［5］［美］布龙菲尔德：《语言论》，袁家骅译，商务印书馆 1980 年版。

［6］［瑞士］索绪尔：《普通语言学教程》，高名凯译，商务印书馆 1980 年版。

［7］邢公畹：《论"语感"》，《语言研究》1981 年第 1 期，第 15—19 页。

［8］Firth, J. R. *The Treatment of language in general Linguistics*, the Medical press, London, 1959, p. 297.

［9］Gadamer, Hans-Georg. *Philosophical Hermeneutics*, University of California Press, 1967, p. 64.

［10］Halliday, H. A. K. *An Introduction to Functional Grammar*, Third Edition, Oxford University Press Inc., 2004, p. xxv.

［11］Hayek, F. A. *The road to serfom*, Routledge Press, 1991, p. 10.

［12］Yule, George. *Pragmatics*, Oxford University Press, 1996, p. 115.

本章摘自《言语行为中语感的逻辑界定》，与杨才英合作发表于《长江学术》2002 年第 1 辑，第 210—219 页。

第二章　语感认知的新言文观

要真正把握语感的本质并有效培养留学生的语感，就必要从宏观角度正确认知言文关系。无论是重言轻文的西方语音中心论，还是重文轻言的中国文字中心论，都是基于"言"与"文"的二元对立而构建起来的传统言文观。但是，基于这两种言文观而构建的第二语言教学理论和实践并不利于第二语言学习者较好地掌握目的语，不能使学生的读、听、说、写四种言语能力取得动态的平衡发展，以使他们形成较好的目的语语感。有鉴于此，我们提出了"言文并重、言文转换"的"言"与"文"二元合一的新言文观。根据这一新言文观，结合汉语言语和汉字实际，并在审视传统的对外汉语教学思想、教学目的、课程设置和教学方法的基础上，提出了适合对外汉语教学的"信息转换教学法"以及以教学观、能力观和训练观为基础的对外汉语教学理论。教学实践已经证明，基于新言文观的"信息转换教学法"能使以汉语为目的语的留学生的读、听、说、写四种言语能力得到较快提高、平衡发展，并形成良好的汉语语感。

第一节　语音中心论和文字中心论

德里达（1999：13 - 139）根据中西方诠释学的特点提出了两种对立的言文观：一是重视语言轻视文字的西方语音中心论；二是重视文字轻视语言的中国文字中心论。其实，从哲学理念、古经传说、文化心理再到文字性质，都表现出东西方文化在彼岸与此岸、听觉与视觉、言说与书写、表音与表意上的差异。

从哲学理念上看，西方哲学主要是先确立一个终极所指，然后按照二元分化，主次分明地将能指一层一层加上去，形成固定套叠的等级概念系统，反过来说，就是从此岸追求彼岸的逻各斯主义，欧几里得定律就是一个实例。而中国哲学则讲究道亦器，器亦道，道器合一，"道之外无物，物之外无道"，体用一源，意形一体，天人合一，可以通过此岸的具体事物得出彼岸的抽象本质来，没有追求万物本原的精神，勾股定理就是一个例子。

从古经传说上看，据《圣经》记载，上帝在创造出人类之后就开始与人类交谈了，并且万物生成的过程也是通过上帝的能诉诸于听觉的有声的"说和听"而不是诉诸于视觉的无声的"读和写"。而中国传说中伏羲、仓颉造字的过程却是通过眼睛的无声的"仰观俯视"而不是嘴巴的言说。

从文化心理上看，西方人强调言说，重视说话者双方都在场的言语交流活动，相信语言能够确切地传达说话者的思想，相信发誓行为中的誓言代表人的真实内心。中国人则重视书写，"耳听为虚、眼见为实；口说无凭、立字为证"，不仅统治者重视文字编辑，文人重视著书立说，老百姓也强调写借条、画押、按手印、签合同等。

从文字性质上看，西方文字是通过记录语言的语音而传达语言意义的拼音文字，文字跟着语音走，文字与意义之间隔着语音，是音义联结的视觉形式，正如索绪尔（1999：47-48）所言："语言和文字是两种不同的符号系统，后者唯一的存在理由是在于表现前者。语言学的对象不是书写的词和口说的词的结合，而是由后者单独构成的。"汉字是通过形体的象形、会意、指事功能与其所代表的事物或现象建立密切联系，注重形体与意义的相似性或象征性，语言跟着文字走，强调"书同文"而不是"话同音"，汉字与意义之间存在着一定的关联性。

总的来说，西方语音中心论认为语音与意义的联系是最直接的，重视以语音为媒介的说话者在场的言谈活动，强调人的听觉器官耳朵和表达器官口头分别具有的听说能力。而中国文字中心论认为文字与意义的联系是直接的，重视以文字为媒介的书写者的书写行为，强调人的视觉器官眼睛和书写器官手分别具有的读写能力。

第二节　两种传统言文观面临的困境

无论是西方语音中心论，还是中国文字中心论，都不能单独成为对外汉语教学的指导思想。从对外汉语教学的现状来看，单独根据西方语音中心论或中国文字中心论所进行的汉语教学存在着明显的不足。

首先，无论是孩子在家庭中依靠大量的汉语听觉信息和口头信息的输入输出而习得汉语，还是学生在学校中单凭汉语拼音而非汉字来学习汉语，都是无意或有意地符合了西方语音中心论的原则，以听说方式为主，通过大量听觉信息和口头信息分别刺激耳朵和嘴巴，使学生形成一定的汉语听说能力。从表面上看，这些人的汉语发音比较地道，听力反应比较快，口头表达也比较流畅。基于语音中心论学习汉语的人，最大的优点在于：对汉语具有较好的敏感度和汉语语感，在口头表达时自信心强而较少焦虑。但其缺点是听觉词汇量和口头表达词汇量都很少，掌握的句式结构简单，阅读和写作能力极差，经过一段时间的学习后，其汉语往往停留在日常简单的会话水平上，进一步提高的话难度极大，缺乏发展潜力。这就是瞎子汉语。在欧美华裔家庭中长大的孩子往往如此，即使在中国学习汉语，语音中心论依然不能奏效，2001 年有 24 名德国商务班的学生在青岛学习汉语，他们只学拼音，不学汉字，经过四个多月的学习，大部分学生能说出比较地道的日常汉语，主要集中在问候、天气、购物、旅行等话题上，词汇量很小，以动词、名词、形容词为主，很少有连词、介词，句式结构简单，单句多复句少，一个单句一般不超过 10 个汉字，更为严重的是，除了个别学生后来通过继续学习汉字使汉语水平得到很大提高以外，大部分学生 6 个月后基本上已经把学过的汉语忘光了。可以说，单纯的听觉信息对汉语学习者来说，不但难以储存记忆，而且语言难度系数也很低，很难得到进一步提高和拓展。可见，把单纯的西方语音中心论作为指导对外汉语教学的理论是不合适的。

其次，无论在中国国内，还是在国外，很多学校则以中国文字中心论作为汉语教学的指导思想，其特点是以视觉符号汉字的学习为主，通过汉字这一视觉信息媒介来培养学生的阅读能力，当然也学习拼音，但学习拼音的目的是会读汉字。这样培养的学生掌握了大量的汉字，视觉词汇量极大，对现代汉语和古代汉语都具有很高的阅读能力，但是听、说、写的能力都很差，是典型的聋子汉语、哑巴汉语。文字中心论的教学在中国国内属于主流思想，只是由于国内存在着汉语环境，所以留学生的听、说能力比国外提高得快些，但是读、听、说、写四种能力逐次递减的趋势基本上是一样的。用文字中心论来指导学习拼音文字的语言（英语、法语、德语等）时也是如此，中国大学生的英语为什么听、说、写很差，而阅读能力很强，是因为只掌握了英语的文字表现形式，而没有掌握英语的语音表现形式。

总的来说，无论是西方语音中心论，还是中国文字中心论，都不能单独成为对外汉语教学的指导思想。我们必须重新认识语言与文字的关系，才有利于学生，特别是留学生汉语语感的培养。

第三节　构建言文合一的新言文观

无论是重视语音的西方语音中心论，还是重视文字的中国文字中心论，都不能成为对外汉语教学的指导思想和理论，否则，要么听、说能力好而读、写能力很差，要么阅读能力很好而听、说、写能力差。可以说，不能使学生的四种言语能力取得一种动态的平衡发展，不利于语感的形成。

所以，我们必须根据汉语言文字的实际，从理论上重新审视语言（汉语）与文字（汉字）的关系，构建既符合汉语言文字实际又能指导对外汉语教学的新言文观。

任何文字都有意义，不过，拼音文字不是依靠自身的视觉形体建立与意义的关系，而是依靠所记录的听觉符号——语音——与意义发生关联，这样拼音文字与意义之间就隔着一层听觉符号"语音"。与此不同，汉字却是依靠本身的视觉形体直接建立与意义的关系，可见，与视觉符号汉字直接对立的是意义，而不是中间隔着"语音"。当然，任何文字都有语音，汉字也不例外，但视觉性的汉字不是简单地记录听觉性的语音，而是与语音一起共同指向抽象的"意义"，可以说，在都能直接指向意义这一点上说，汉字和语音具有同样的功能和平等的地位，这时汉字就不再外在于由意义和语音组合的语言，而是进入语言内部，与语音一起标识意义。不过汉字是视觉性符号，语音是听觉性符号。所以说，语音中心论所说的"语言本质上是一套语音系统"对汉语来说只说对了一半，文字中心论所说的"语言本质上是一套文字系统"也只说对了一半，将二者合一，就可以得出语言定义：语言本质上是一套通过听觉符号（音）和视觉符号（形）表达的有意义的信息系统。

根据这一语言的定义，我们就可以提出新的言文观，即视觉符号文字和听觉符号语音在传达语言的意义上是平等的、合一的，都是语言的信息传递形式。如图2—1所示：

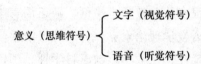

图2—1 思维符号与视觉符号和听觉符号的关系

可以说，文字和语音不是分化对立的关系，而是互补合一的关系，都可以独立地指称意义。作为听觉符号，语音是听、说能力所必需的；作为视觉符号，文字是读、写能力所必需的。因此，如果想在对外汉语教学中全面提高留学生听、说能力与读、写能力，那么就必须基于这一新言文观，促进听觉符号与视觉符号的互动和转换，从而促进学生听、说、读、写的协调发展。

根据言文合一观的理念，既然视觉符号文字和听觉符号语音都是语言信息（意义）的存储形式、传递方式和交流方式，那么，要想提高留学生的汉语水平，从功能器官上，就要把学生的眼睛、耳朵、嘴巴和手结合起来；从言语能力的培养上，就要促进读、听、说、写四种能力的内化和转化；从信息形式上，就要变换视觉信息与听觉信息的展示方式；从教学过程上，就要提高视觉信息与听觉信息的输入和输出频率，即通过变换语言信息的存储方式、传递方式和交流方式，从而提高并检测学生的听、说、读、写能力，这就是"信息转换教学法"的本质。

第四节　基于言文合一观的对外汉语教学理论

首先，知识传授与能力培养相结合的教学观。

20 世纪 80 年代以前，对外汉语教学界主要采用的是以教师传授知识为主的传统的填鸭式教学法，以后逐渐引入基于语音中心论的听说法，开始注重留学生言语能力的培养，特别是听、说能力。90 年代中期以后，随着中国经济的快速发展，汉语热逐渐升温，国内外的对外汉语教学出现了热火朝天的局面，受利益所驱，公立学校和私立学校积极参与到汉语教学这一行业中来，整修教室，扩大招生，但由于师资严重匮乏，很多从业教师水平低，缺乏语言学、教育学和心理学的知识，缺乏汉语教学理论素养，而对外汉语教学学科自身的研究也在理论上缺乏系统性，在教学上缺乏科学性，师资培训跟不上社会对师资的需求，因此，教学比较混乱，很多没有大学学历而只会说汉语的中国人或者非汉语专业人员在从事汉语基础语言教学，只根据学生的大概水平找几本教材照本宣科地教教汉字书写和读音，读读句子，练练会话就可以了。这当然谈不上言语能力的系统培养，更谈不上系统的知识传授了，甚至有些人基于"习得论"主张在汉语教学界取消语音、词汇、语法和语用知识的讲解。

鉴于这种现状，我们根据言文合一的言文观，提出知识传授与能力培养相结合的教学观。知识和能力是汉语教学的两条腿，缺一不可。言语能力不是靠单纯的机械性的重复就能练成的，必须建立在理解各种语言知识的基础上，离开知识传授的能力培养是缺乏发展后劲儿的；同样，知识传授不是教师把所知道的知识一次性灌输给学生，更不是无头绪、无章法、无顺序地讲解，而是应该根据学生的汉语水平和接受能力以及知识的难易程度分阶段、分层次、分步骤地循序渐进地让学生理解，知识的传授还应该坚持以能力为出发点，"来促进语言功能以及知识的能力化，由'要学生说'转为'学生要说'，由'知识性、理解性有意造句'转为'能力性、交际性无意说句'"（赵春利、杨才英，2002a：61）。不以培养言语能力为导向的知识传授是盲目的，教学的最终目的不是为了让学生理解知识，而是通过理解知识达到运用知识，并最终形成言语能力，换句话说，就是知识传授是手段，能力培养是目的。学生的语言能力是检验教师知识讲解是否合理、透彻以及学生是否接受并理解知识的唯一尺度。

在实际教学中还应该合理分配知识讲解与能力训练的时间，最好把知识讲解压缩到 10 分钟左右，把更多的时间留给能力训练，训练学生的言语能力，以体现学生为主体，教师为主导的教学理念。

其次，能力分化与能力整合相结合的能力观。

随着对外汉语教学实践性原则的提出，诸多学者开始认识到对外汉语教学的最终目的是培养留学生的言语能力，言语能力一般包括读、听、说、写四种能力，为了培养学生的这四种言语能力，在课程设置上开设了阅读、听力、口语和写作四种课型，与之相应的，在教学方法上采用的就是让学生"读、听、说、写"的训练方法，认为阅读能力是通过学生阅读才可以培养的，听力是通过学生听才可以训练的，以此类推，口语通过说话，书写通过写作。同样，测试方法也是对应的。这样就形成了教学目的、课程设置、教学方法、测试方法一一对应的逻辑。从原则上说，这种"把教学方法与分技能训练的教材（课型）、培养目标、测试方法等简单机械地对应起来"（赵春利，2004：27）的能力分化思想本身并没有什么错误，关键是仅仅停留在"分而不合"的阶段，就会造成教学上的机械主义。

如果说读、写的信息输入输出形式是文字的话，那么听说的信息传递形式则是语音，言文合一观就是要将基于文字的读写与基于语音的听说结合起来，避免出现瞎子汉语、哑巴汉语和聋子汉语的情况，也避免出现学生的读、听、说、写能力普遍依次递减的状况，当然，出现这种情况固然跟语音中心论和文字中心论有关，跟能力分化思想有关，也跟人类感知器官接收外在信息量的差异有关，"人所获得的知识，其中60%来自视觉，20%来自听觉，15%来自触觉，3%来自嗅觉，2%来自味觉"（阎立钦，1996：219）。

言语能力从本质上讲就是以意义为核心联结音义、形义以及形音义的能力，单纯的音义联结就是听说能力所需要的语音，单纯的形义联结就是读写能力所凭借的文字，而将形、音、义联结起来的能力就是由读、听、说、写整合起来的言语能力。这说明读、听、说、写并不是分立的，而是存在着关联性，我们完全可以通过构建它们间的关联性来打破它们间的不平衡性。脑科学的研究已经通过开车人打电话时会削弱其驾驶能力，说明耳朵对听觉信息的关注会影响眼睛对视觉信息的关注，从而证明了不同的功能器官之间存在着关联性。更为重要的是还证明了大脑不同区域（视觉区、听觉区、口头区、书写区）功能的可塑性以及不同区域间关联强度的可塑性，"大脑不同区域的功能并不是由遗传决定的，而是由外部包括语言在内的诸种信息的结构和功能决定的，遗传只是为大脑发展不同功能提供了硬件，后天的信息输入方式才是决定不同区域具体功能的软件。大脑自身的可塑性（plasticity）和不同区域的共通的生理结构为教学通过外部不同存储方式的语言信息的输入和输出建立大脑内部不同区域的联系提供了生理依据上的可能性，也为信息的转化和语言能力的转化提供了脑科学的根据"（赵春利、杨才英，2002b：134）。

最后，器官变换和信息转换相结合的训练观。

既然读、听、说、写的能力存在着依次递减的问题，那么我们就应该在教学中打破它们间的不平衡性。从功能器官上说，能力的不平衡性表现为不同器官在接收和传出信息上存在着不平衡，人们通过眼睛和耳朵所接收的信息远远地大于通过嘴巴和手所表达的信息，即输入信息量大于输出信息量。单从输入看，眼睛是成年人获取信息的主要器官，耳朵是次要器官；从输出来看，嘴巴输出的信息比手多。这样从器官上的排列顺序就是眼睛 > 耳朵 > 嘴巴 > 手。打破器官的不同使用频率也可以打破能力的不平衡性。

从信息流动角度来说，言语能力的不平衡性体现为不同形式的信息在信息流通量和存储量上的差别，即阅读的视觉信息 ＞ 听力的听觉信息 ＞ 口语的口头信息 ＞ 书写的写作信息。让不同的器官接收或发出相同数量的信息，其实就是改变信息形式，从而使信息在各种器官中流动，通过信息量上的平衡性达到言语能力上的平衡性，因此，称之为信息转换教学法。

【参考文献】

［1］［法］雅克·德里达：《论文字学》，汪堂家译，上海译文出版社 1999 年版，第 13—139 页。

［2］［瑞士］索绪尔：《普通语言学教程》，高名凯译，商务印书馆 1999 年版，第 47—48 页。

［3］阎立钦：《语文教育学引论》，高等教育出版社 1996 年版，第 219 页。

［4］赵春利、杨才英：《对外汉语教学初级阶段语感培养的原则》，《语言教学与研究》2002a 年第 1 期，第 61—66 页。

［5］赵春利、杨才英：《语感问题与第二语言信息转换教学法》，《现代中国语研究》（日本）2002b 年第 4 期，第 131—142 页。

［6］赵春利：《试论对外汉语教学中的"忆读"方法与功能》，《暨南大学华文学院学报》2004 年第 2 期，第 26—32 页。

本章摘自《基于新言文观的对外汉语教学研究》与张皓得合作发表于《三重证据法：语言·文字·图像》（孟华主编），吉林大学出版社 2009 年版，第 174—189 页。

第三章　语感理解的特性机制

从信息的输入和输出角度看，语感能力不仅有语感表达能力（说、写），更为重要的是语感理解能力（读、听）。本章全面阐述基于语感理解能力建立"语感理解论"的意义，分析了语感理解的表层、深层、内层和外层四个层次，以及客观性、强制性、主观性和创造性四个特性，讨论了语感理解的推理、排歧、填补和辨伪四个内在机制；指出影响语感理解程度的四个因素，最后分析了语感理解的主要类型。

第一节　建立"语感理解论"的意义

一个完整的交际过程可以分为"表达"和"理解"两个方面。理解跟表达同样重要，而且从某个意义上讲，可能更为重要，更体现一个人的语感能力。

首先，在实际日常生活的交际中，我们就是根据自己对对方语言的语感理解做出反应、表明观点和阐明态度的。例如，A 说："屋里真热！"B 就可能根据自己对对方意思的理解做出不同的回答：Bl 说："热什么热！你上来时爬了四层楼，所以觉得热。"这是通过否定 A 的观点并解释 A 觉得热的原因，表明了 Bl 是在理解了 A 话语的基础上做出否定的反应；如果 B2 回答："还不算太热，比昨天好多了。"这就说明 B2 不完全同意 A 的看法，而且拿昨天来进行比较，这是显示了尽管理解 A 的意思，但有所保留；如果 B3 回答："是有点儿热，打开风扇吧！"这就认同了 A 的观点，而且真正理解 A 的言语要求。

以上不同的回答反映出不同的理解角度、程度和层次。

其次，在语言研究方面，不同语言学流派在研究语言的语义结构、语法形式、语用规则以及认知机制的过程中所得出的观点和认识都是基于各自对语感理解的角度、方法的不同。如"他把垃圾丢了"，那意思确定无疑，是主动地把垃圾扔掉；但是如果说"他把书包丢了"，则可能有不同的理解：第一种意思跟上句相似，是主动把某个东西丢掉，第二种意思则是无意之中丢失了。前者是有意识"把"字句，后者是无意识"把"字句。显然，理解的深度，特别是深层语义结构的理解，对句子结构的分析具有重要的意义。

最后，在语言教学方面，如何理解和解释语言现象直接影响教学效果。比如，留学生知道"怎么"是疑问代词，副词"又"的理解是"again"，所以他们把"你怎么又来了？"仅仅理解为打招呼或询问来的原因，其实这只是理解了句子的字面意义。教师应该告诉学生这实际上不是一个普通的问句，而是个反问句，这类句子常常利用"怎么"来加强质问的意味，而"又"由于透露出对方不止来过一次，更是显示出说话者不耐烦的情绪和心理，实际上并不需要回答来的原因。如果只是一个词一个词的解释，就不可能真正理解这句问话的真实含义。

总之，无论日常生活，还是语言研究或者语言教学都需要我们基于语感理解能力建立"语感理解论"，深入研究理解与表达的关系、理解的本质、理解的机制、理解的层次以及理解的手段等。

表达论研究说话者如何表达自己的思想，但是思想观念不是空穴来风、无中生有的。从孤立的交际过程看，似乎先有了 A 的表达，才产生了 B 的理解，但事实上，A 的第一表达也是建立在理解基础上的，因此，从这一意义上讲，A 的"自我理解"先于"第一表达"；然后才有 B 的第一理解，再产生第二表达。所以，我们可以说，理解是表达的源泉，或者说，表达是理解的必然结果。

表达者只有有意或无意地预设了另一个与自己相同的"我"，并认为另一个"我"能理解自己运用的语言工具及其所传输的信息时，这个人才可能进行表达。也就是说，表达者在表达以前首先是一个理解者，是自己所要表达内容的理解者，把自己作为可交际的对象，才有可能进入语言交际。

不仅第二表达以对第一表达的理解为基础，而且第一表达也以说话者对要表达的内容的理解为前提，因此，通过建立语感理解论，才能更好地反思和解释我们为什么这样研究语法形式、语义结构和语用规则而不是那样做。

从另外一个角度看，人们仅仅理解了外在事物及其活动还不能表达，只有理解并掌握了自己用于理解和表达的工具——语言——才能表达已经理解的内容。应该说，只有保证对语言的准确理解才能保证准确地运用语言表达思想、交际感情，也能正确地认识语义结构、语法规则、语用特点等，从而正确地描写、分析和阐释语言现象。因此，从表达的形式和内容看，理解都先于表达。这一过程可以用下面的交际结构示意图来表示：

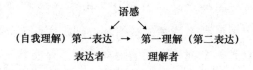

图3—1　表达与理解的关系图

第二节　语感理解的层次和特性

从语感理解论的角度看，理解就是理解者通过语言形式（语音和文字）探询形式所负载的表层和深层意义以及表达者的主观动机的心理调节活动。

首先，我们把理解程度分成不同的层次，从本质上说，理解作为一种心理活动是不可以切割的，但是为了便于理解和说明，我们把理解活动分成从语言的表层到语言的深层和从语言的内层到语言的外层这样相互衔接交叉的四个层次，这些层次间的界限是延续的、逐步过渡的。

其次，理解过程中始终渗透着理解者与表达者之间知识、情感、动机的交际、碰撞和融合，因此，一方面，理解活动把语言作为对象，必然受到语言客观意义及其逻辑力量的影响而有意或无意地接受对方的描述或观点，使理解活动带有客观性，甚至受到听者的鼓动、劝告、威胁、训斥、警告等，使理解带有某种强制性；另一方面，理解又总是以理解者的知识、情感、兴趣等主观要素为依托的，正如伽达默尔（1999：335）所言："所有这种理解最终都是自我理解（Sichverstchen）。"

再次，理解本身具有对话（交际）的性质，无论与自己、他人或作者，理解者都试图发现语言的意义和表达者的个性、心理动机以及世界观。在理解者与表达者（借助话语）的碰撞中，理解活动不允许理解者站在交际主题之外，而是为论题牵引、推动，在主题及其逻辑的指示下（可能是一种诱导或强制）探询语言的意义和表达者的意向，能够调动自己所有的知识背景积极地去加以理解，这样就能推动理解的深化，提高理解的层次。

最后，理解者与表达者之间达成理解是有条件的。一是语音和文字形式上的可理解性和可辨别性，发音清楚、字迹清晰、文字通顺；二是语言内容上的指向性，或陈述外在对象、行为活动，或描述内在情感、心理状态；三是表达者与理解者在主观动机上的交际性，以便坦诚地敞开心扉，真诚地聆听陈述；四是文化背景的共通性或常规性，谈论的主题和意义在理解者的思维能力之内。

可见，理解具有客观性、强制性、主观性和创造性，这样，在研究对象上，语言学应该研究语音、文字（字、词、短语、句子、句群和语篇等）作为物质形式在理解活动中的作用；研究理解中语音与听觉、文字与视觉的关系；研究理解者的记忆力、思维能力、心理状态、图式结构等要素在理解活动中的作用机制；研究表达者的语气、语速以及非语言要素对理解的影响等。在心理机制上，以意义是如何连接起来组建内语境的、非语言要素作为一种信息源是如何激活与语境相关信息的而排除无关信息的、语义连贯在理解中处于什么地位等为探讨内容。理解本质上属于对信息进行加工吸收的内在心理活动。

如表 3—1：

表 3—1   **语感理解层次**

言语内外	理解的媒介	理解的层次
言内	语音/文字	表层结构—字面意义
	概念/判断/推理	深层结构—语义结构
言外	表情/动作/眼神等	言外意向—心理动机
	狭义语境/广义语境	文化意义—语境制约

第三节   语感理解的机制

理解是理解者对语言信息的一种心理加工活动，那么，理解活动的基本单位是什么？它是如何由语言的表层意义深入到深层语义，并整合形成对语义和表达者动机的完整理解的呢？自 Chomsky（1957）在语言学理论上提出短语结构语法以后，心理学家 Fordor、Bever（1965）和 Johnson（1966）分别通过声音位移实验和短时记忆研究在心理学上证实了短语结构存在的真实性。这就为理解的单位提供了理论和事实的依据，目前较为一致的观点是：理解的基本单位在句法形式上是短语结构，在语义结构上是命题。理解者在视听上看到了短语结构而心理上形成命题。比如，"穿黑衣服的女孩儿∥走出了∥明亮的教室"为三个短语在理解心理上为三个命题：女孩儿穿着黑衣服∥走出了∥教室明亮。在对外汉语教学中也可以证明这一点。例如，留学生常常把"我觉得天气很热"分成两个语义命题复述成"我感觉∥天气真热，我感到∥天气好热，我感受∥天气比较热"一些意义关联语义差别不大的句子（可能不太符合汉语语法）。可见，理解尽管借助于表层的语音和文字，深层的却是非离散性的"语义结构群"。

一般认为，一个短语结构对应一个命题，但不是每个命题都有短语对应。语言的理解活动以命题意义间的连贯性为核心，形成判断、进行推理，在推理过程中为保证命题间意义的连贯性、逻辑的严密性和信息的完整性，就需要运用当下记忆和长久记忆里的各种信息源（语感理解构建的内语境、自己的已有知识、非语言的相关因素、广义语境等）排除歧义、补充信息，因此形成了理解的四个主要内在机制：推理、排歧、填补和辨伪。理解的内在机制示意图：

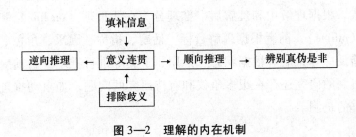

图 3—2　理解的内在机制

一　理解的推理机制

推理是理解者在一定的语境下根据语言的意义和自身的已有知识背景，按照语义结构的连贯性，由已知信息推知未知信息的心理加工活动。根据思维逻辑的方向，推理可以分成两种：顺向推理和逆向推理。前者是指能从当前语义结构的发展倾向推知尚未读到或听到的部分信息。比如，天气好的话，我们就去旅行，要是天气不好……我们可以根据已有信息推出尚未说出的意思：不去旅行。后者是指根据逻辑和有关的信息推测当前的语义结构所需要的前提条件和原因。比如，王欣领女儿去上学的时候，在马路上……我们可以知道王欣已经结婚并有一个至少七岁的女儿。

推理不仅包括两个命题间的关系推断，更多的是多个命题组成的命题链，共同推动语义的连贯。比如，司机喝酒——头脑不清醒——开车/在家睡觉——发生交通事故，四个命题组成一个因果顺列，从而排除了"在家睡觉"这个命题而选择"开车"那个命题。在理解过程中，推理所能参照的信息源很多，如果当前话语中出现与前后有关系的照应词，照应词就会激活短时记忆和长时记忆里的语义信息，从而使各个命题贯穿起来，形成一个逻辑顺畅的"意义结构流"。此外，交际的语境和主题、理解者的知识背景和语感、说话者的语气和神态、手势等因素都会为推理的顺利进行提供信息，当然，由于理解受理解者认知图式、情感图式和意志图式的影响，使理解具有一定的主观性，因此很可能出现脱离语义逻辑的联想。

近十几年来，很多心理学家针对理解推理机制问题做了大量实验以验证提出的理论和假说，其中 Graesser（1994）等人提出了结构主义模式，根据理解中和理解后，推理分为在线推理（on-line）和下线推理（offline），前者根据理解目标、话题、指称、因果、角色、合理的情绪反应等，后者根据状态、语用、工具等进行推理。目前对理解推理机制的研究还存在很多争议和有待研究的问题，如自动推理和策略推理的机制。

二　理解的排除歧义机制

歧义是一种消极语言现象，以句子为理解单位，造成歧义句的原因可能是同音词、多义词和语法语义组合。如果仅仅给出一个句子而没有任何语境限制，我们就会在语音和文字信息的刺激下，根据自己的语感，激活知识背景中与句子使用频率和场景相关的意义不同的语境，从而判定这个句子是歧义句。反过来，在对话和阅读中，确定的语境，特别是篇内语境，就会排除别的语境的可能性，从而抑制与别的语境协调一致的意义，以激活并提取与上下文意义连贯的语义和命题。

（1）五老二脑血栓，他看谁都哆嗦。（中央电视台《实话实说》小品《昨天、今天、明天》）

"他看谁都哆嗦"是一个歧义句，有"他看谁，他都哆嗦"和"他看谁，谁都哆嗦"两个意义，这是由于"哆嗦"在语义上可以同时指向"他"和"谁"。但如果"他"是脑血栓患者（得脑血栓的人容易哆嗦），则激活了"他哆嗦"语义而抑制"谁都哆嗦"意义进入意识领域。

理解是以意义的连贯为主线，以语境为过滤器，与语境和意义一致的信息容易被激活、提取，而关联性不大的信息被激活的水平和程度就很低，甚至受到抑制，不能进入意识域，从而使理解具有一定的排歧机制。

三 理解的填补信息机制

在理解活动中，语篇所能提供的信息可能不足以形成意义完整的理解，而理解者总是自觉或不自觉地根据自己的知识背景来填补缺失的意义。人所掌握的知识在长时记忆里是以图式的形式储存的。图式（schema）是康德 1957 年提出的概念，后来经过理性主义的格式塔心理学和经验主义心理学的理论创新，逐步形成了现代图式理论，即认为图式是在大脑里存储的知识信息的结构，这种结构是由以概念为基础的节点和概念间的关系组成的网络。我们可以把图式分成认知、情感和意志三种图式。在理解活动中，我们可以根据认知图式填补省略的信息。例如一部小说中有这样一个情节：主人公到澳门狂赌，输得一干二净，有人想请他赞助慈善事业，知情者说："他刚从澳门回来，没钱了！"听话人就可以根据语感、语境和认知图式填补"从澳门回来"和"没钱了"之间的信息空缺，即澳门是赌城，主人公去那里赌博全输了，从而使意义得以连贯。

在一般情况下，更多的是根据情感图式和意志图式填补出缺少的感受信息和反应信息。例如（2），王朔写的《无人喝彩》中有一段妻子肖科平一边用匙子搅着玻璃杯里的奶粉，一边跟正忙着玩儿游戏的丈夫李缅宇商量事儿：

（2）"我妈说了，这星期天让咱们回去一趟，我弟弟要结婚了，有些事要跟咱们商量。"李缅宇继续全神贯注地玩。"……我弟弟他们想把我们家那房子装修一下……哎，我说话你听见没有？"肖科平把匙子"当啷"一声扔到茶几的玻璃面上。

从妻子跟丈夫商量事儿而丈夫却只顾玩儿游戏，到妻子把匙子扔到茶几的玻璃面上，就会激活我们情感图式以填补没有说出的感受信息——丈夫置若罔闻，妻子非常生气。一般来说，理解活动填补的是人类在常理下的共通的内在情绪、情感、动机、意图等心理信息。

四　理解的辨别真伪机制

除了尽力捕捉信息以外，理解者还要根据语境、逻辑、图式，并参照说话者的非语言要素，对语言传递的信息和说话者本人进行真伪与是非的甄别、判定。例如，《组织部来了个年轻人》中有这么一段描写（3）：

> （3）刘世吾……缓慢地说："最近在《译文》上看了《被开垦的处女地》第二部的片段，人家写得真好，活得很……""你常看小说？"林震真不大相信。

林震在理解刘世吾说的话的同时，针对话语内容的真实性产生了怀疑。

有时候理解者还会对说话人的行为和态度做出判断、评价。在《青春之歌》里，余永泽想让林道静跟他一起生活，就劝说道："静，听我的话，咱们搬到一块儿吧！……现成的幸福道路你不走，却喜欢这样任性胡闹，为什么一定要闹得东奔西走、寄人篱下呢？……"林道静对其说话行为的反应就是："不要说了！"后来他又劝林道静说："静，听我一次话，不要去了吧，听说外面常捕人。……救国的事还可说，可是'三一八'算个什么纪念日？万一……静，安静一点！天有不测风云，谁知道哪一块云彩下雨……"林道静对他态度的评价是"不行！谁都像你这样胆小，掉下个树叶也怕砸死你！"

总的来说，理解活动主要包括以上四个机制，理解活动以意义的连贯性为核心，在信息材料自下而上的不断为语境和意义提供素材的过程中，在话题自上而下的逻辑推演中，理解者会激活各种内外信息和图式，形成对话语内容和对说话者的真善美的评价。

第四节 语感理解的程度

口头（书面）交际活动主要由说话者（作者）、语言、理解者和交际语境构成，因此，讨论影响理解程度相关的因素也主要从这四个方面来看。

首先，交际语言。一是语音、字形和句子的长度等会影响理解活动。二是古汉语、方言和外来语、生僻词等，主要是由于这些词的语音和语义都比较生疏。三是母语还是外语。一般来说，对母语理解起来，即使语音不太清晰，也能听懂；如果是外语，理解起来就比较费劲儿，比如，韩国人问："这里有没有汉语学院？"一般中国人都以为是指大学内的一级的单位，其实在韩国，"学院"是指"私立学校"。四是话语在形式上的衔接、照应与意义上的连贯性。例如：

（4）我说："不能白看，你们应该买票。"我们下车以后，我准备和小王一起去看看，我一次也没有到过中国农村，孩子们听了哈哈大笑起来。很多中国孩子像看动物园的猴子似的看着我。

上面这篇短文属于意义不连贯、逻辑关系不清，不太容易理解，调整以后的语序，就显得条理清楚，易于理解，如（5）：

（5）我一次也没有到过中国农村，我准备和小王一起去看看，我们下车以后，很多中国孩子像看动物园的猴子似的看着我。我说："不能白看，你们应该买票。"孩子们听了哈哈大笑起来。

其次，表达者。一是语气、语调、语速、节奏等语言要素和表情（微笑、皱眉等）、眼神、视线、沉默、叹气、动作变化等非语言要素能在一定层面和角度反映或暴露说话者的心理状态、交际目的，便于理解者把握对方话语的真伪和心理动机。Hockett（1977：115）说过："人类成员的任何行为，只要能被他人——或被行为人自己——的感官察觉到，就都是交际性的。"所谓交际性就是能反映表达者的某些信息并且被理解者所感觉到，进而影响理解活动。当语速越来越快时，理解者会意识到说话者可能很激动、很着急。而当一个人一边说话，一边打哈欠，视线游移不定时，说明他对话题不感兴趣而厌倦了继续谈话，所以他说的话也就可能敷衍了事（不是真心话）、心不在焉。二是表达者的知识背景、人生阅历、思维能力、表达能力和性格等能通过说话表现出来，在一定程度上决定了话语的思维性、连贯性、知识性和逻辑性等，从而影响了理解的深度。

再次，理解者。一是生理上的视觉、听觉等能力和心理上的注意力、精神状态、心理状态、兴趣、记忆力和思维能力等也直接影响了理解。注意力不集中、精神不好、对话题不感兴趣等可能造成消极地理解信息，这样很难激活记忆库里的相关知识信息；逻辑思维能力对理解的深度产生直接的影响，逻辑性强的人就能梳理清楚话语的逻辑关系和推理过程，掌握表达的意义和动机。二是知识结构与人生阅历作为知识储备，为理解者进行推理、排歧、填补和辨别奠定信息基础。比如，如果我们没有学过计算机原理和技术，即使碰到硬件、软件、界面、卸载、回车、文本等词语，虽然每个字似乎都认识，但是就是理解不了它的真实含义。三是语感在一定程度上影响了理解水平。从语感形成的意义上说，"语感就是语言形式及其负载意义的内化"（赵春利，2002：210），从组成角度看，"感觉、无意识、情感、直觉四种成分是密切配合、协同工作的。我们认为，语感是思维并不直接参与作用而由无意识替代的在感觉层面进行言语活动的能力"（王尚文，2000：35）。语感既具有民族共同性，又有个性。共性保证了互相理解的可能，个性造成了理解的偏差。语法感、语音感（重音、语调、语气强弱等）、语义感（特别是带有感情色彩的词）等都会影响对话语的理解。

最后，语境。无论是狭义语境还是广义语境，都是影响理解程度的重要因素。德国心理语言学家约翰内斯·恩格尔坎普（1997：

114）说过："词义和句义以及对词和句子的理解有赖于词与句子产生的语境和听这些词和句子的人。句子理解是谈话双方，尤其是听话者实现句义的过程，因此，只有联系语境才能真正理解句子的意义。"比如：

(6) a 姑娘：你吃饭了吗？
　　b 小伙子：我不喝水。

从上下文的内语境看，问与答并没有连贯性，但是如果我们虚拟一个语境，小伙子第一次与姑娘见面，男的心理紧张、不知所措，所以对姑娘的提问，表现出答非所问，因此，我们就可以理解小伙子的心理。这就是语境效应，它在语篇整体、歧义句、语义和逻辑不连贯句、暗喻句的理解中可以起到预测、推理、连接语义、消除歧义等作用。

第五节　语感理解的类型

根据语感理解能力对对方表达信息的理解程度，理解可以分成数量的理解、性质的不解、有意的曲解、无意的误解四种类型。

首先，理解。根据理解者与表达者之间在信息数量上的对应程度，可以分成三小类。

一是确解。就是准确地理解了话语的意思和表达者的动机，不多也不少。例如：

(7) a. 你能把窗户打开吗？
　　b. 好！是该透透空气。

b 就正确地理解了 a 的意图，即打开窗户使空气流通。

二是欠解。是指只理解了对方话语的部分信息，在理解上有所欠缺。例如：

（8）a 法官：生日？

　　b 罪犯：1966 年 7 月。

罪犯明显没有把握法官要问的全部信息，回答时缺少了具体日期。

三是增解。是指理解超出了表达者所要传递的信息，出现了多余的理解。例如：

（9）a. 你什么时候来的？

　　b. 我是昨天坐火车来的。

显然 b 的回答中"坐火车"超出了 a 所需要的信息。

其次，不解。就是对话语的语言形式、内容及说话者的动机不明白，比如，一个人问你："Wie geht es Ihnen?"你不知所措，就是不懂德语语言形式及其内容。一个过路的陌生人突然对你说："你要给我一千元。"你的第一反应就是"为什么？"显然，这就是最典型的不解。或者对对方的心理动机不能体会，即只抓住了对方话语的字面意义或虽然理解了深层语义，却没有理解说话者的心理动机。例如：

（10）a 孩子：妈妈，蛋糕上的花真漂亮！

　　b 妈妈：漂亮，但不是真的花。

显然，这里妈妈只理解了孩子的字面意思，没有抓住孩子想吃蛋糕的心理动机。

再次，曲解。是听话者故意错误地理解说话者的意思和动机。例如电影《老油坊》中，一个寡妇说："这太糟蹋东西了，这么短的绳子还有什么用？"村民说："是啊，只能当扎腰带。"寡妇说："把这根给你当腰带吧！"村民的老婆说："你这个臭不要脸的！怎么？熬不住了，你还是把自己的腰先系好吧。"这里，寡妇本来是想通过说这么短的绳子没有用顺势送人，以示对村民们分割绳子行为的不满和气愤。然而村民的老婆却借腰带之喻故意当面羞臊寡妇，完全是故意曲解了寡妇的意思。当然，曲解主要来自理解者的成见和不良心理动机，但是也有可能是一种善意的曲解，带有开玩笑的性质。

最后，误解。是指无意地错误理解了话语的意思和说话者的动机。如话剧《日出》中陈白露对顾八奶奶的话产生了误解：

（11）顾八奶奶：你看快天亮了。他的魂也没见一个……进了电影公司两天，越学越不正经干。我非死了不可！露露，你的安眠药我都拿去了。

陈白露：怎么，你要……

顾八奶奶：我非吃了不可。

陈白露：那你又何必呢？你还给我。（伸手）

顾八奶奶：不，我非吃了不可，我得回家睡觉去。我睡一场好觉，气就消了。

陈白露把顾八奶奶要被气死了所以吃安眠药睡觉以消气误解为因为生气所以吃安眠药去死。误解主要是由于理解者与说话者之间的语境、心理意向等的偏差或不一致。

理解的类型当然不止这些，如故意不解、反解、合解、分解等。研究理解的类型将有助于我们加深对语感理解的层次、特性、机制及其作用的认识。

【参考文献】

[1]［德］汉斯·格奥尔格·伽达默尔：《真理与方法》，洪汉鼎译，上海译文出版社1999年版。

[2]［德］约翰内斯·恩格尔坎普：《心理语言学》，陈国鹏译，上海译文出版社1997年版。

[3] 陆俭明、沈阳：《汉语和汉语研究十五讲》，北京大学出版社2003年版。

[4] 鲁忠义、彭聃龄：《语篇理解研究》，北京语言文化大学出版社2003年版。

[5] 吕叔湘：《中国文法要略》，商务印书馆1956年版。

［6］邵敬敏：《现代汉语通论》，上海教育出版社 2001 年版。

［7］石毓智：《语法的认知语义基础》，江西教育出版社 2000 年版。

［8］邢福义：《汉语语法学》，东北师范大学出版社 2000 年版。

［9］王尚文：《语感论》，上海教育出版社 2000 年版。

［10］赵春利：《言语行为中语感的逻辑界定》，《长江学术》2002 年第 1 辑，第 210—219 页。

［11］朱德熙：《现代汉语语法研究》，商务印书馆 1980 年版。

［12］Chomsky, Noam. *Syntactic Stmcture*. The Hague：Mouton，1957.

［13］Graesser, A. C., Singer, M., & Trabasso, T. Constructing inferences during narative text comprehension. *Psychological Review*. 1994，Vol. 101（3）.

［14］Hockett, C. F. *The View from Language*. Athens Georgia：University of Georgia Press，1977.

本章摘自《“语言理解论”刍议》，与邵敬敏合作发表于《修辞学习》2004 年第 1 期，第 13—19 页。

第四章　语感判断的偏误分析

要有效培养留学生的汉语语感，教师既要从理论层面了解偏误分析的历史发展及其主要趋势，也要从实践层面掌握留学生不同阶段的偏误类型、内在动因、偏误来源和偏误心理，掌握基本的偏误规律，从而对症下药，及时准确纠正偏误，更要在诊断偏误和纠正偏误的过程中，了解留学生的汉语语感水平，使留学生逐步认识到偏误，并能自查自纠偏误，从而有利于语感培养。

第一节　对外汉语教学偏误分析的历史发展

最近20年对外汉语偏误分析所表现出的特点是：在研究类型上先后可划分为理论引证、事实分析和创新总结3个阶段；对学生背景的考虑以及语料的收集分析越来越细致；对表达偏误的研究多于也细于对理解偏误的分析；在偏误原因的解释上，对偏误语言的研究多于对内在认知心理策略的探讨；纠正表达偏误和理解偏误的教学策略一般较为具体。与此同时，该项研究还表现了从引证理论到具体分析、从宏观到微观、从静态到动态、从描写到认知的发展趋势，应该从理论性、实践性、动态性和整体性上加强对偏误分析的研究。

在国外，偏误分析（Error Analysis—EA）和第二语言习得（Second Language Acquisition—SLA）研究是以1967年S. P. Corder的论文 The Significance of Learner's Errors 的发表为标志的。1972年，L. Selinker 在论文 Interlanguage 中提出"中介语"理论，为深入研究"偏误和习得"奠定了理论基础。在中国，1984年鲁健骥的《中介语

47

理论与外国人学习汉语的语音偏误分析》的发表，标志着对外汉语教学界研究这一领域的开始。

"偏误分析"是研究汉语作为第二语言习得规律的突破口，它在对外汉语教学界已经走过了整整 20 年，基本的理论依据是第二语言习得和中介语理论。学者们在引进吸收国外先进的研究理论和方法的同时，立足于汉语本身的特点，在积累了大量以汉语为中介语的语料基础上，深入探讨了外国人在学习和习得汉语的过程中出现的偏误现象、偏误原因和教学策略，不仅在实践上积累了宝贵的经验，而且在理论上也取得了丰硕的学术成果。

本书主要以《语言教学与研究》《世界汉语教学》《汉语学习》《语言文字应用》以及自 1997 年以来收录在"中国学术期刊网"上的有关论文为依据，总数为 86 篇，总结 20 年来对外汉语教学界在偏误分析的类型、特点、对象、原因和教学策略上所取得的成就以及总的研究趋势，力求客观地给予评述，并指出努力的方向，以利于偏误分析的进一步发展。

一 偏误分析研究的主要类型

首先，理论引证型。主要是对国外偏误分析的流派、思想来源、基本观点和方法等的引介，同时，或者列举留学生的汉语偏误予以说明，或者以某一理论方法为基础具体分析汉语偏误。早在 1984 年，鲁健骥就以 L. Selinker 的思想为基础，首次引入"偏误""中介语"和"变为化石（化石化）" 3 个概念，区分了错误与偏误的不同，介绍了中介语的内涵、性质及影响其产生的 5 个原因，并以此为纲列举了母语为英语学生的语音偏误。如果说鲁健骥的研究视角是共时静态的，那么，在 Corder 的理论框架下，梅立崇等（1984：115 - 121）从历时动态上介绍了偏误形成的 3 个阶段，并首次通过初步量化（数据）提出不同的偏误原因在偏误率上所占比例不同，指出学生在学习过程中的语言实际上是介于目的语和母语之间的一种"过渡方言"（陈前瑞、赵葵欣，1996：33 - 37）。对偏误的共时静态研究和历时动态研究就成为汉语偏误分析的两条思路，但以前者为主流，同时也参照了后者，比如对不同学习阶段学生的偏误的分析和对比研究，就考虑了偏误发展的动态性，这样针对某个阶段的某种偏误类型进行研究就成为汉语偏误分析的基本模式之一。自此，特别是1990年以后，对留学生语音、汉字、词语、句式和语篇等方面偏误的分析如雨后春笋般多起来，偏误分析成为研究中介语和第二语言习得的一个突破口。此外，贺上贤（1988：520）对非对比分析、隐暗错误和逃避现象的介绍加深了对偏误形成的认知心理原因的认识。理查德（1999：58－65；93－118）的述评使我们理清了偏误分析、中介语和第二语言习得之间的关系。

其次，事实分析型。可分为两种情况：一是教学方面的偏误实例分析，在教学第一线的教师把留学生的实际偏误搜集起来，进行整理，通过对比进行分类、解释，寻找教学策略。在语音、汉字、词汇、语法、语用方面，有很多学者像施正宇（1999：14）、肖奚强（2002：79－85）、李大忠（1996：76－79）等的研究都属此类。二是有目的性、有针对性地对某种偏误进行调查分析，比如，陈小荷（1996：53－59）和高立群（2001：55－62）对"也"和汉字识别过程的研究；姜德梧（1999：50－53）对HSK"把"的偏误的统计；李珠和王建勤（1987：111－118）、刘颂浩（1999：97－109）、丁安琪和沈兰（2001：18－22）分别对理解失误、误读、作文偏误和介词"在"偏误率的调查。他们都是借助语料库、考卷库或数学方法等，有目的、有计划地调查分析某一语言项目的偏误情况。随着中介语语料库的建立和数学的统计分析方法在语言教学研究领域的运用，这种科学性的研究方法受到更多学者的关注。

还有人把调查统计和偏误语料的自然收集结合起来，从而把定性研究建立在定量分析基础上，使结论更具有科学性和可信度。如高宁慧（1996：60－70）和徐丽华（2002：89－92）通过学生习作和调查问卷对代词偏误和语气词偏误的分析。

最后，创新总结型。可分为3种情况：一是借鉴新的语言学研究的成果，如何立荣（1999：44－47）、曹秀玲（2000：7－83）、肖奚强（2001：46－52）、方绪军（2001：39－47）、赵金铭（2002：1－9）和邹洪民（2002：52 - 54）等分别对 Halliday & Hasan 的衔接连贯理论、照应理论、配价语法理论、生成语言学的最简方案和索绪尔语言单位的同一性理论的运用。这是近年来出现的新的研究思路，新理论对新旧偏误的分析具有较强的解释力。二是偏误分析方法和角度的创新，如吕文华和鲁健骥（1993：27）对语用偏误的语言和社交解释，陈小荷（1996：53 - 59）的语境和背景分析两分法，杨翼（1998：56 - 68）的杂糅句式分解法，此外，赵金铭（2002：1 - 9）和陈慧（2001：16 - 20）等还以汉语母语为参照对象，研究偏误的特点。这些思路和方法是结合汉语偏误分析的实际独立研究的成果，有说服力和启发性。三是总结反思，对前人偏误分析成果的述评及其所运用理论方法的反思，如陈前瑞和赵葵欣（1996：33 - 37）对 12 年的汉语第二语言习得的研究给予了客观的述评，不仅总结了前人在理论介绍、偏误分析实践、习得过程研究以及实验研究中取得的成果，而且提出问题，指出了研究方向，对后来偏误分析的发展起到了指导和推动作用；李大忠（1996：111 - 118）从心理和思维两个方面揭示偏误产生的共同性；肖奚强（2002：46 - 52）对偏误用例的选取、分类和分析从原则上进行反思。

　　总之，这三种类型在时间上大体形成了界限不甚明晰的三个阶段：前期比较重视理论引证，直接引进、介绍、验证国外偏误分析理论并试图跟汉语偏误实际结合起来的阶段；中期重视实践分析，立足于汉语第二语言教学实际，多做调查研究性工作；后期重视创新与总结，创造性地运用新的语言学理论，解决实际问题，在这个过程中对已有的偏误分析方法有所创新和反思，这也是偏误分析研究逐步走向成熟的标志。

二　学生背景的考虑及语料收集分析方法的现状

　　首先，研究对象的背景考虑。

　　随着偏误分析的发展，对偏误现象的描写越来越细致，必然导致对学生语言背景情况和偏误类型的限定性研究，一方面这是共时研究和历时分析结合的结果，另一方面也是出于使偏误分析便于操作、结论更具针对性和说服力的考虑。

一是确定特定语言背景。首先是母语背景，61%的偏误分析限定了学生的母语，所有语音偏误和大多数词语、语法、语用偏误的分析解释都是针对某一种母语的。其次是第一外语背景，主要是对英语背景的考虑。语言背景的考虑给研究不同母语学生的共同偏误规律、偏误类型、偏误特点提供了事实和理论依据。

二是汉语水平和学习时间。有32%的论文考虑了这一因素，一般把汉语水平分为初级（一年）、中级（一年到两年）和高级（三年到四年）。总的来看，语音偏误都是针对零起点的学生；汉字、词语和语法偏误都是针对初、中级的；而以语篇为分析单位的语用、阅读、写作偏误分析都是针对中、高级的。目前从汉语水平或学习阶段上来看，对偏误分析的比例是中级 > 初级 > 高级，这是由于以句子为分析单位的词汇语法偏误是分析的主要内容，而以语篇为单位的偏误分析起步较晚，这既和我国的汉语本体研究状况有关，也符合偏误分析自身发展的规律，因为一般的研究都是从小单位扩展到大单位。

三是年龄结构因素。从现有的资料看，提及年龄问题的论文数量很少，且仅仅作为研究对象的一种背景情况，还没有对不同年龄阶段的人进行对比研究，以此分析年龄因素与偏误发生率和分布率的关系，研究这个问题的条件可能尚未成熟。一般而言，大部分学生是18—30岁，对特定年龄段学生的偏误基本上没有研究。

总之，背景情况考虑的细化、针对性的增强，说明偏误分析研究有一个从宏观到微观、从共性到个性的变化。事实证明加强对语言背景、学习时间、年龄、心理、性格及文化程度等因素与偏误类型及其发生率、覆盖率的关联系数的研究，从而把偏误语境和学生背景区别开来，在深化个性分析的基础上寻找偏误共性，是一条偏误研究科学化的必由之路。

其次，偏误语料的收集。

获得偏误语料的途径直接影响到偏误分析所得结论的正确性、普遍性、可信性和说服力。目前汉语偏误的收集主要通过3种方式：一是来自实际教学，搜集学生的口头表达（回答、聊天以及提问等）

和书面表达（作业、考卷以及作文等）中的偏误。其优点是学生无压力或顾忌，自然性强，教师熟悉学生的背景和偏误语境；缺点是偏误面较窄，对象数量较少，可能缺乏普遍性。大多数论文所依据的实例来源于此。二是调查反馈，通过设计调查表、问卷、练习和交际场景，统计某种偏误类型。优点是目的性强，针对性强，便于操作和控制；不足是过于依赖所获得的偏误形式，而忽略学生的生理、心理因素。如李珠和王建勤（1987：111-118）借助测试和反馈的调查表；陈慧（2001：16-20）让学生给形声字注音的实验以及马燕华（2001：31-35）采用的原文复原法等。三是建立语料库，即通过中介语语料库考察某种偏误规律。优点是覆盖面大，如陈小荷（1996：53-59）和高立群（2001：55-62）这方面的潜力很大，目前还没有得到充分的利用，当然语料库的语料如何收集、整理、归类也是急需研究的课题。

最后，偏误语料的分析。

有了可靠的偏误语料，仅仅是第一步，更重要的是依据什么样的理论和方法对此作出科学的分析，从而得出令人信服的结论，用以指导教师的教学实践。主要有 3 种方法：一是比较研究。通过对比汉语偏误与学生母语、汉语母语在语音、书写、词法、句法等方面的异同，寻找症结所在。只有比较才能鉴别，比较项的有无、差异度、关联度和相似度可以说明偏误的原因。这是一种常见的方法，也是一种基本的认知结构，关键是找到一个恰当的分类标准——对比点，分析语音、词语语法和标点符号的偏误几乎都基于对比。二是数学分析。最简单的是统计性的百分比法，如梅立崇（1984：115-121）、方欣欣（2001：64-74）和陈珺（2003：1-6）等对偏误分布率、难度值、偏误类型的分析；有的运用数学分析软件，如陈慧（2001：16-20）运用 SPSS 中独立样本 T 检验法分析初、中级错误率的差异显著度；高立群（2001：55-62）借助 ANO-VA 分析母语影响识字的显著度；陈小荷（1996：53-59）运用方差分析学时等级与偏误率的关系。三是认知解释。李大忠（1999：110-119）和肖奚强（2001：50-54）从心理、习惯、文化和思维等角度分析偏误。

三　偏误分析的类别

语言偏误是在语言运用（理解和表达）的过程中表现出来的，但研究表达偏误的论文占了94%，而研究理解偏误的只有4篇，正如陈珺（2003：1-6）所说：以往的研究提到偏误一般只指学生在语音、词汇、语法方面输出性的错误，而实际上语言交际是双向的，偏误所涉及的范围自然也应该是双向的，包括输出性和输入性双向偏误。随着心理学、神经学和认知语言学等有关大脑科学的发展，理解性偏误的分析将成为热点，而且很多表达偏误可以从理解偏误上寻找原因。

首先，表达偏误。

主要包括5种类型，一是语音偏误：主要分析对比了学生在声母、韵母、声调、轻重音（词重音、句重音）、语调等方面的语音偏误，分析透彻细致，解释合理，但缺乏切实可行的纠正发音偏误的教学策略。另外，语气教学是一个尚未引起足够重视的领域，在偏误分析领域应该加强对语气偏误的分析，这对提高学生的交际能力来说，也至关重要。二是汉字偏误：主要围绕写字和识字。在写字方面，主要针对笔画的规范和变异、形符偏误和部件偏误，要求按照正字法区分错字、非字、假字和别字（施正宇，2000：38-41）。在识字上，主要是形声字声旁的表音作用及其局限性，学生母语及HSK等级对汉字识别过程的影响。总的来说，在纠正汉字偏误上，只有两个字："记"和"练"，没有别的行之有效的办法。三是词法偏误：研究面广，成果多，占偏误分析的30%左右。既有针对某一词类或格式的，如名词（方位词、时间名词）、动词及其重叠式、能愿动词、代词、连词、介词、语气词和成语等词类或规定格式。有的研究某个词，如"也""了""不/没有"等的偏误；也有从某种偏误原因来综合研究词法偏误，如从教材注释、母语负迁移、教师讲解和文化内涵角度分析词语偏误，一般只是简单举例说明。目前还缺乏针对某种母语的某个阶段的偏误，系统地研究各种词类的偏误分布率和发展趋势的动态研究的论文。四是句法偏误：主要针对句法偏误的综合和特殊句式偏误分析，像"使""把""被"的句式研究。五是语用偏误：分为口头和书面两种，前者包括对话社交、应答、称呼语等方面的问题，后者是指语篇的形式衔接、语义连贯、标点符号书写等方面的偏误。

其次，理解偏误。

由于理解偏误是一种内在的认知活动，对相关学科的发展依赖性较大，目前的研究在实验设备、被试的组织、背景限定等方面难度较大，研究手段、语料的收集、分析等也有困难，因此目前主要是理论性地研究理解偏误的测试方法以及影响听力理解困难的因素，小规模实验性地调查分析阅读理解的偏误和误读情况，主要学者有李珠和王建勤（1987：111－118）、刘颂浩（1999：97－109）、陈珺（2003：1－6）等。

四　针对偏误的原因解释

对偏误原因的解释，通常采用客观和主观的分类标准，前者主要是分析引起偏误的来源——外因，后者主要是分析导致偏误的认知策略——内因。

首先，偏误来源，主要有 4 种原因解释。一是语际迁移。学生母语是偏误的主要来源，这已经是目前学者们的共识，而且也在偏误分析中证实并研究了母语的具体影响情况；另外，学生的方言（蔡整莹和曹文，2002：86－92）、第一外语（吴英成，1990：85－97）和学生学习过程中的媒介语（梅立崇等，1984：115－121）也会产生迁移，这种研究使我们认识到语际领域的广阔性和复杂性，但是后三个方面的分析还仅仅停留在提出阶段，还没有专门性的论文具体分析其影响面的大小、程度、特点和规律。二是语内影响。主要是汉语的拼音使用的字母（鲁健骥，1984：21）、形近的汉字（杜同惠，1993：65－72）、义近的词语和难以理解的句法规则所导致的偏误。有的是因为学生还没有从初级阶段的句法观念过渡到中、高级阶段的语段、语篇观念，从而造成汉语语篇在衔接、连贯上的偏误。如何把句法和语篇学习结合起来，这方面还没有引起学者们的足够重视。另外，刘明章（1990：52－56）首次提出学生所在地的汉语方言会引起语音偏误。三是语释误导。指教师的讲解、训练和发音书写（施正宇，

1999：147－153）所造成的偏误，另外，教材在注释、编写和标点符号上的问题（胡建刚和周健，2003：113－117）以及汉语工具书的过于抽象的释义方式（李大忠，1996：76－79）都会导致偏误。在一定程度上，它反映了目前对外汉语教学的实际状况，对教师的教学方法和教学用语以及教材工具书的编写目的和方式提出了要求，同时也与我国教学理论和学习理论研究的滞后有关。四是语外影响。除语言方面外，学生母语在文化、思维方式和交际策略（王绍新，1996：76－89）等方面都会引起偏误，这是深层次的因素。

其次是内在心理策略。学生的认知策略（肖奚强，2002：79－85）、学习态度（鲁健骥，1987：53）、简单推理（张永芳，1999：25－30）、类比（方绪军，2001：39－47）和回避等都会引起偏误，由于心理学、认知语言学等相关学科研究的落后使得我们对习得心理的研究还停留在起步阶段，缺乏对学生内在心理运行机制的系统研究。从目前的研究来看，对偏误原因的分析缺乏系统性和层次性，常常把各种因素搅在一起，分不清是语言问题还是心理问题，从而对原因的认识停留在表层。解释过于简单，过于理性化，有的偏误可能跟学生生理和心理状态、性格、潜意识等有关。

五　纠正偏误的教学策略和建议

首先，对表达偏误提出的策略和建议。一是通过对比找到语音偏误的原因后，既要正面引导，讲解汉语的发音特点，也要促进母语的正迁移。二是在汉字偏误上，要促使学生端正态度，反复练习，注意笔画的规范和变异；同时，教师要对比易混字，形象说明、规范汉字笔顺和笔画。三是在词语上，使学生借助字典、实物图片、练习和语境等通过汉语与母语的对比，准确理解词义；教师要引导他们自己发现错误，自行改正，消除学生母语与汉语词义对等的观念，使他们全面接触中国文化；另外，教材编写的应用性、趣味性、系统性也很重要。四是语法上，学生要记住固定格式、句式、搭配；教师要注意语法教学的系统性，由易到难，循序渐进，把理论和练习结合起来，要特别注意通过对比讲解汉语语法的特点。五是在语用上，应该加强对汉语语篇的特点、衔接方式、连贯机制以及民族文化背景和语言交际策略等的研究，重视标记性衔接手段的教学、读写结合。目前我国语用学研究力度不够、水平不高是导致对外汉语语用教学薄弱的一个重要原因。

其次，关于理解偏误的策略和建议。

在听力上，摆正"学得"和"习得"的关系，促进语言知识向能力转化，设计听前、听后环节，加强大脑的认知能力，提高自动化加工程度；在阅读上，应该区分朗读材料与阅读材料，培养朗读能力的阅读训练需要选用比较容易的材料。

六 取得的成就与存在的问题

20 年的对外汉语教学偏误分析取得了长足的发展，一是在研究方法上，从理论引证到实践分析；从借鉴国外理论并列举汉语偏误的演绎型，到根据留学生习得汉语的实际偏误语料总结规律的归纳型；从理论指导下的验证性分析，到基于调查分析的解释性研究。可以说，理论探讨与实际汉语教学的结合越来越紧密，更可喜的是，近几年来，有的学者开始注意对偏误分析的方法和原则进行理论反思，通过语料库和数学分析使偏误研究更具实证性、科学性；有的还借鉴汉语本体研究的理论来分析偏误，拓宽了认识偏误的路子。二是在研究对象上，从宏观研究到微观研究；从不分母语背景和汉语水平的偏误共性举例说明，到针对不同国别的偏误个性研究，可以说，偏误分析的对象越来越细，范围越来越广。三是在偏误现象的描写上，以静态为主，探讨留学生在汉语能力或某个方面存在的偏误，开始出现动态对比研究，探索不同阶段偏误特点的异同。四是在偏误原因的解释上，以母语负迁移和目的语泛化为主，开始注意认知解释。

就目前的研究状况看，依然存在着一些问题：第一，对偏误分析的理论研究和偏误原因的解释不够，还没有充分利用中介语语料库和数学分析软件等分析方法；第二，缺乏宏观动态研究，应该从历时上探索学生不同语言能力的偏误在初、中、高三个阶段的演变规律，摸清哪些偏误是可以克服纠正的、哪些是自行消解的、哪些是贯穿三个阶段的，这对确定各个阶段的教学重点很重要；第三，缺乏系统的整体研究，割裂了语音与汉字的偏误关系，割裂了词汇、语法和语篇三个方面偏误的关联性，应该从共时角度，针对某个阶段，通过对比偏误发生率与正确发生率，把发音、汉字、词、句、篇等方面偏误整合起来；第四，实践性重视不够，对纠正偏误的教学策略的效度的跟踪调查不够，没有及时反馈实际效果；第五，对理解偏误的研究不够，重视不够，可能存在实际操作的困难；第六，偏误分析的文章已经成了"新八股文"，摆出偏误事实、分析偏误原因、提出教学策略，已经模式化了，这对学术发展不利；第七，除了从中介语角度看偏误以外，应该从语言接触角度研究学生母语和汉语在语音、词汇、语法等方面的吸收、借鉴、转化、替代、推演等规律，这对研究历史语法以及预测语言发展趋势都有一定的指导意义。

第二节　留学生偏误的规律性及成因分析

把初级阶段（8 个月）留学生的偏误综合起来，进行历时的对比分析，就会发现偏误所呈现的规律性。从发展的倾向上看，表现出从表层的以语序为主的句法偏误，逐步过渡到深层的以语义为主的词法搭配偏误，进而上升到语篇层面的以连贯为主的衔接偏误；从性质上说，主要从句法的不正确到语义搭配得不准确再到衔接得不得体；从原因上看，语际、语内、语释和语外是语法、语义、语用三种偏误的主要来源，而心理策略是偏误产生的内在认知动因，偏误类型、偏误来源和偏误心理揭示了偏误成因的层次性。教师应该了解学生的偏误规律，以增强教学的预测性和针对性。

一　偏误分析的整体走势

偏误分析（Error Analysis）在对外汉语教学界已经走过了整整 20 年，基本上是在中介语和第二语言习得理论的框架内进行的，主要研究特点和趋势是：一是在研究对象上，由不分国别的偏误共性总结到针对不同国别的偏误个件研究；二是在研究方法上，由理论指导下的验证性分析到基于偏误语料的总结性研究；三是在偏误现象描写上，以静态的类型为主，探讨留学生在汉语能力或某个方面存在的偏误；四是在偏误原因解释上，以母语负迁移和目的语泛化为主，开始注意认知解释；五是在研究趋势上，开始对偏误分析的方法和原则进行反思。

存在的问题是：一是对偏误现象缺乏历时的充分描写和对比；二是对偏误来源及其原因缺乏纵向的解释和严密的逻辑分析；三是对偏误分析的理论缺乏反思性的整体研究。

S. P. Corder（1967）认为：学习者的偏误是系统而有规则的，反映了个人语言能力的发展。也就是说，随着学生语言能力的不断提高，学生日益增长的目的语表达需求与已有的目的语语言知识和能力之间存在着瓶颈效应，在这种矛盾的驱动下，学生自觉或不自觉地在学习策略、表达策略、交际策略和认知策略上，运用母语、第一外语和目的语等相关背景知识，对自己想要表达的观念，进行分化、合并、移动、替代、添加、遗漏（省略），这样，偏误的性质和特点在目的语语言形式上表现出某种规律性和阶段性。那么，如何划分偏误发展的阶段性并描写某一阶段偏误的共性，解释偏误发展变化的原因呢？

其实，很多学者早就意识到了偏误的规律性，并且试图给规律划分阶段、描写其性质特点并解释原因。在国外，S. P. Corder（1973）曾按偏误的性质（不知不改、知而不改、知而且改），把偏误划分成前系统、系统、后系统三个阶段。但这是种理论假设，既不是从偏误语料中归纳出来的，也没有得到实验和事实材料的有力佐证。在国内，鲁健骥（1984：46）认为："偏误是有规律可循的。"但他说的规律主要是指横向的语音、词语、语法上的偏误类型，没有从纵向发展的角度谈偏误的变化规律。随后梅立崇等（1984：115）从汉语角度验证性地提出了与 S. P. Corder 相同的三个阶段，即"前规律性阶段、规律性阶段和后规律性阶段"，到吕文华和鲁健骥（1993：44）提出："语用失误有阶段性，初级阶段教学内容常常是'粗线条'的，但成年人要表达的思想是比较细微的，因此这二者之间就形成一对矛盾，这也是产生失误的一个根源。"这里已经看到了表达能力与表达要求之间的矛盾会引起偏误。后来，李大忠（1995：4）就语法偏误提出了看法："第一，操同母语的学生在学习汉语的不同阶段上会出现不同的语法偏误；第二，在同一学习阶段上，操不同母语的学生会出现相同的语法偏误。"即语法偏误具有阶段性和共同性。在1999 年，他在不区分母语背景、目的语水平和偏误性质的前提下，着眼于偏误共性，"从理论上推测外国人学汉语偏误产生过程中，学习者大脑里发生的思维过程和心理过程"（李大忠，1999：110）。这种阶段意识与探讨共同的偏误成因意识，不仅在理论上深化了对偏误分析的认识，而且在实践上为偏误分析指明了方向——加强偏误现象的历时描写和偏误成因的纵向解释。

二　偏误研究的出发点、对象和方法

沿着这条偏误分析的思路，我们试图从整体上对初级阶段留学生的偏误表现形式进行历时的考察，并且探求偏误背后的深层原因。

众所周知，在对外汉语教学中，偏误是留学生运用汉语表达思想的过程中表现出的一个极其普遍的语言现象，可以说，留学生就是在反复地使用、认识、纠正偏误的过程中，在运用汉语进行听、说、读、写的技能训练中，逐步形成汉语语感能力的。

针对留学生的大量偏误，教师究竟应该采取怎样的教学策略呢？是盲目地"有错必纠"还是有原则地"循序渐纠"？我们认为，后者优于前者，正如盛炎（1990：135）所说："纠正要分清轻重缓急，分清全局性偏误和局部性偏误，严重偏误和一般性偏误，经常性偏误和偶然性偏误。"这一观点是中肯的，要做到这点，关键是找出留学生的偏误规律。偏误规律包含两层意思：在历时上是指，随着汉语水平的提高，留学生偏误所呈现的整体趋势、偏误的阶段性、不同阶段间的过渡性以及造成偏误的认知矛盾的规律等；在共时上是指，在某一阶段上，偏误的主要性质、特点、原因，表层与深层的规律性、过渡性以及学生的阶段性困惑与主要认知矛盾。因此，抓住偏误形成的阶段性、生成性和规律性，研究偏误的性质、类型、基本特点和主要成因，是对外汉语教学的一个重要突破口，它不仅可以促进教师了解不同阶段留学生的学习策略、认知特点、偏误成因、中介语的形成规律，而且在教学策略上可以使教师针对偏误产生的可能性提高预见能力。

在研究对象上，我们主要分析四届（从 1999 年到 2003 年）初级阶段留学生（学习汉语 8 个月/总学时为 640 小时）的非语音文字上的偏误现象。

研究方法是：其一，偏误语料的收集采用自然状态与非自然状态结合法。自然状态是指收集留学生随意的没有心理压力的情况下进行聊天时的偏误。因为这时学生很少有心理上的焦虑和担心，交际策略上的回避以及思维上对语音、用词和语法的过多注意，心理监控程度较弱，因而比较真实地反映了学生的语言能力。非自然状态是指收集留学生根据任务要求进行口头或书面表达时表现的偏误，如回答问题、完成作业、表演节目、复述课文等。其二，偏误语料的编排采用分组分段法。以两个月为偏误分组单位，每届 8 个月，共分 ABCD 四个组，建立了留学生初级阶段偏误组语料库，学生主要来自韩国、日本、泰国、德国、英国、美国等 15 个国家，4 年共有 256 名学生，为研究初级阶段偏误规律奠定了基础。其三，偏误语料的处理办法包括：首先是偏误形式上的对比分析法，横向上不分国别地分析同组（如四届 A 组）学生偏误类型的特点、分布及其共性，纵向上按照 ABCD 顺序分析偏误类型呈现的变化趋势。其次是偏误成因上的心理谈话法，通过直接与偏误学生进行面对面的交流、询问和暗示，了解其表达时的动机、心理、想法，或者通过与别的母语相同的学生共同研究偏误，揣测原因，以了解留学生对别人偏误的解释和说明，研究偏误内在的认知因素和影响因子，从而确定偏误产生的思维认知原因。最后是建立不同标准的偏误模块，比如，在学生个体上，建立个人偏误档案；在学习阶段上，建立同期偏误档案；在国别上，建立同母语偏误档案和同母语同第一外语偏误档案；在第一外语（主要是英语）上，建立同第一外语偏误档案，这样可研究某些因子对偏误率的影响程度。

研究目的是找到偏误发展的特点，探讨造成偏误的深层次的学习和认知策略上的原因，使教师能根据学生在不同阶段表现的经常性偏误的性质，有预见性、有针对性地预防偏误的产生，有原则、有重点地纠正纠正偏误，而不是"有错必纠"。

三 初级阶段偏误的阶段性和规律性

我们对偏误规律的研究限定在初级阶段留学生口头和书面表达中表现出来的非语音文字的偏误，通过分析 ABCD 各组偏误语料的不同特点以及偏误类型的演变，初级阶段的偏误包括三个时段：A 组段（1—2 个月）、BC 组段（2—6 个月）和 D 组段（6—8 个月）。随着教学活动的进展，偏误的类型主要从 A 组段的句法偏误演变为 BC 组段词法搭配偏误，进而逐步过渡到 D 组段的衔接偏误。

表 4—1　　　　　　　　初级阶段留学生偏误三个时段对比

时段	主要矛盾	偏误核心	偏误类型	偏误性质	具体时间
A 组段	母语与汉语句式上的差异	语序	句法偏误	语序不正确	1—2 个月
BC 组段	词汇句式选择与丰富表达	语义	词法偏误	语义不准确	2—6 个月
D 组段	有限衔接手段与成段表达	语用	衔接偏误	衔接不得体	4—8 个月

这种划分并不是说 A 组段不存在 BCD 组段的语义、语用偏误，而是说 A 组段的主要偏误在句法层面，教师应该有针对性地在 A 组段加强语序教学，到了 BC 组段以后，尽管在较为复杂的句子上仍然存在句法偏误，但有关语义搭配的偏误日益突出，随着留学生掌握的词汇与句法的逐步增加，到 D 组段，句与句如何衔接起来形成语篇的矛盾日益突出。可以说，三个时段之间有一个循序渐进的过渡期，偏误类型也存在着重叠与反复，并非截然分开。但是偏误规律——语序不正确到语义不准确再到衔接不得体——是明显的。每一个时段都有一个主要矛盾所决定的核心偏误，抓住这条规律有利于确定不同阶段的教学重点，增强对偏误的预见能力，以防患于未然。下面分三个阶段分别说明。

第一个阶段，A 组段的偏误类型是表层的以语序为主的句法偏误，偏误性质是句法层面上语序的不正确。这个阶段留学生面临的除了发音和文字上的困难以外，主要是母语与汉语之间句式的差异，由于掌握的词语与句式有限，因此，他们在运用有限的词语表达自己的意思时，首要问题就是如何排列词语的先后，这一点与 BC 组段面临的在语义相近的多个词语间进行选择不同，这时候，可供选择的词语很少，只是怎样排列词与词的顺序。

他们采用的策略一般是母语直译，以排列语序，根据汉语的标准，偏误包括：词位不对、词的缺失、词的羡余和词的误用（百分比为偏误率）。

（1）词位不对（42%）

a.［德］今年我学习汉语<u>中国</u>。

b.［美］我有一张地图<u>的青岛</u>。

c.［韩］我和我的丈夫一起<u>汉语</u>学习。

d.［泰］我的姐姐工作<u>在银行</u>。

（2）词的缺失（36%）

a.［泰］老师教（得）很有意思。

b.［爱尔兰］花园儿有好看（的）湖。

c.［韩］窗户外边有很漂亮（的）海边。

d.［英］青岛是一个很（适合）住的地方。

（3）词的羡余（13%）

a.［日］这是朝南的教室，所以白天这个教室比其他教室<u>很</u>热。

b.［韩］我的宿舍<u>很</u>干干净净。

c.［泰］我没有写完<u>了</u>汉语。

（4）词的误用（7%）

a.［韩］我的<u>家口</u>在韩国。（家口：家人）

b.［日］这个教室大约<u>用</u>二十个留学生。（用：容）

以上的四种分类都是从汉语来看的，其实从学生表达的角度看，是怎样把已学过的汉语词语按汉语语序组成句子的问题，主要不是词语的选择，而是词语的编排，因此，他们可能更多地参照母语来编排语序，所以出现表达偏误，而"词的羡余和误用"已经表现出语义选择和准确等问题，开始向 BC 组段过渡。有个韩国学生说："今天好久去学校，同学都吓。"开始老师听不懂，后来才知道她的意思是："今天我去学校，我好久没去学校了，同学们看见我都很吃惊。"所以在 A 组段应该强化汉语语序和句式教学，使学生掌握常用的句式。

第二个阶段，BC 组段的偏误类型是深层的以语义为主的词法搭配偏误，偏误性质是语义层面上搭配得不准确。随着学生对更多汉语基本句式和词语的掌握，以母语句式直译为基础的句法偏误逐渐减少，学生面临的主要困难是如何选择恰当的词语（特别是语义不易掌握的虚词）组成正确的汉语句式来表达思想。语义的准确性成为学生关注的焦点。所以，影响语义选择的原因也就相对复杂起来，既有母语、第一外语和目的语的推演，也有注释和讲解等方面的误导，还有学生内在思维心理的自然作用（百分比为偏误率，有的偏误是综合性的，但为了说明问题，统计时只计其中某一项）。

（5）名词、代词（11%）

a.［韩］我们班有很多<u>人种</u>。美国人、韩国人和日本人。（人种：国家的人）

b.［日］<u>先</u>，冬天很冷，雪堆积一米左右。（先：首先）

c.［泰］有时候我把我的照片送给我的<u>家</u>看。（家：家人）

d.［德］我记得我上<u>学校</u>的时候，对中国感兴趣。（学校：小学）

另外的例子还有：瓦斯打火机/燃气灶、总人/总人口、房室/房间、对方（方面）/对面、食器/餐具、年纪种/不同年龄的人、十代/十岁、我/我们、有的/有的时候等。

（6）动词（16%）

a.［韩］她非常<u>爱慕</u>我。（爱慕：爱）

b.［韩］我连<u>念</u>都不会念这件事。（念：想）

c.［德］我<u>去</u>了一会儿以后，就到了车站。（去：走）

d.［日］没有钱的人看电视的时候一定<u>羡望</u>。（羡望：羡慕）

另外的例子还有：是/在/有、买得到/买得起、不好记/记不住、办好/解决、洞悉/了解等。

（7）形容词（12%）

a.［韩］你跟朋友一起玩得<u>高高兴兴</u>吗？（高高兴兴：高兴）

b.［泰］新年<u>近</u>来了，我们准备很多节目。（近：快）

c.［韩］我对他很<u>热烈</u>。（热烈：热情）

d.［日］<u>非常的下雪</u>的时候，公共汽车和火车都停了。（非常的下雪：下大雪）

（8）副词（34%）

a.［美］当然。我喜欢<u>都</u>她的礼物。（都：所有）

b.［韩］中国老师<u>大家</u>是四个人。（大家：一共）

c.［韩］这个房间不干净，我跟我的同屋<u>些</u>懒。（些：很/有点儿）

d.［韩］还<u>每</u>我说的汉语错。（每：常常）

（9）连词（9%）

a.［泰］我会说<u>又</u>中文<u>又</u>英文（又……又：连接动词谓语）

b.［韩］我的家很乱，<u>但是</u>我的房室不干净。（但是：而且）

c.［美］有的人是中国人，<u>和</u>有的人是日本人。（和：而）

d.［德］他<u>既</u>普通话<u>又</u>上海话能听得懂。（既……又：和）

（10）介词（7%）

a.［德］我知道泰山<u>从</u>这儿不太远，但是我连去都没有去过。（从：离）

b.［德］别的引人注目的事是<u>在</u>城市的现代化。（去掉"在"）

c.［韩］我把椅子搬到了<u>在</u>桌子旁边。（去掉"在"）

d.［韩］妈妈<u>对</u>我唱好听的歌。（对：给）

（11）助词（7%）

a.［韩］我们在朋友家玩<u>的</u>很高兴。（的：得）

b.［德］你上个星期去<u>了</u>吃饭的饭店，现在可能已经没有了。（去掉"了"）

其他的偏误还有，在数量词上，主要是："二口人/两""一张书架/个"等偏误，叹词（啊、喂、哦）、语气词（啊、吗、呢、吧），由于使用频率很低，很少发现偏误，没有拟声词偏误，因为学生还没有学习拟声词。

随着词汇的丰富和同义词、近义词的增加，学生在表达思想时，就会出现意义相近而不分词性的替换、增加、替代等现象，如感觉/觉得/感受/感想、爱慕/喜欢/爱、想/以为/认为、洞悉/了解/知道/懂、都/所有/全部/一共/完全，结果造成语义不准确和搭配问题，原因是比较复杂的。无论语义偏误的原因是什么，教师在这个阶段强调准确地理解词义，做好同义词、近义词的辨析，特别是词性可能不同但意义相近的词，比如，从汉语看，"近"与"快"完全不一样，时间上的"快"与时间和空间上的"近"，有语义重叠部分，可以说："国庆节越来越'近'了，'快'到了。"这样容易造成偏误："〔泰〕新年近来了，我们准备很多节目。"

第三个阶段，D 组段是以连贯为主的语篇衔接偏误，偏误性质是语用层面上衔接得不得体。在第 4 个月，句群和语篇上的衔接问题已经日益突出了，在掌握了基本的句法和一定的词汇以后，学生的成段表达的能力也逐步发展起来，因此也就出现了句与句之间衔接的问题，主要表现在：

（12）缺乏必要的衔接手段（如连词、代词、序词、习惯用语、零形式）。

〔韩〕我去年来青岛的时候，对中国的印象不太好。中国大部分人随便过马路。到处都不干净。还有自行车，三轮车等。这几种车在韩国是不常见的。有的中国人不守信用。

这是一段议论句群，前边提出观点：对中国的印象不太好；后边提出四个原因。但是四个原因之间缺乏序词衔接，可改为："我去年来青岛的时候，对中国的印象不太好。首先，中国大部分人随便过马路；其次，到处都不干净；再次，到处乱停乱放在韩国不常见的自行车、三轮车等；最后，有的中国人不守信用。"这样条理清楚，衔接紧凑。

（13）代词与所指代的名词或行为不恰当或不准确。

〔韩〕我认为不好的是中国人吃饭都点很多菜，最后吃不完。我问中国人为什么点这么多。他告诉我，会吃的人都会点很多菜。这个和我们国家的人习惯不一样。

句中用单数"他"指代复数"中国人",可改为"一个中国人",另外"这个"指代前边说的"习惯",不当,应改为"这"。

（14）话题重复太多,注意了单个句子的独立性而忽略了句子间的衔接关系。

[日]我家乡的人口没有青岛多,不过我家乡比青岛有很多自然,所以我家乡是不热闹的地方,我家乡是很平静和很安稳。我觉得对我青岛的天气很好,因为青岛的天气跟我家乡的一样。

除了语法错误外,尽管注意了连词的衔接手段,如:"不过、所以、因为"。但是由于每个句子的独立性很强,句子成分都很完整,使得作为话题的"我的家乡"重复太多,语义明晰但是违反了语言"经济原则"。可采用零形式照应与代词照应等衔接手段。改为:"我家乡的人口没有青岛多,不过（零形式照应）比青岛的自然风景好,所以那儿（代词照应）不热闹,（零形式照应）很平静、很安详。我觉得对我来说,青岛的天气很好,因为这儿（代词照应）跟我家乡的一样。"

（15）语义逻辑关系混杂或松散,造成意义的连贯性差,没有将新旧信息的更迭作为衔接手段。

[韩]有时候我自己做韩国菜,自己做菜比食堂卖的菜好吃,但是,做菜很麻烦。可是自己做菜比吃餐厅便宜。

话题是:"自己做菜",顺承原因:"好吃",意义转折"麻烦",又转回原因:"便宜"。其偏误主要是:在语义逻辑上,把"转折"夹在两个"原因"中间不符合意义连贯,语义关系混杂;在衔接手段上,话题"做菜"在后三个句子里已经是旧信息,可在第二、四句采用汉语常用的"零照应"衔接形式,第三句采用名词照应,改为"有时候我自己做韩国菜,虽然（连词衔接）（零形式照应）很麻烦,可是自己做菜（名词照应）比食堂卖的菜好吃,（零形式照应）也便宜",这样既语义连贯,又言简意赅。

另外,表时间先后和追加关系的词比较单一,常见的如:以后、然后、还有、和;语体意识不强,书面语的口语化情况比较严重。当然，随着汉语水平的提高，一年以后，学生运用的衔接手段就越来越丰富了。

四　偏误成因的层次性

目前对外汉语教学界对偏误的原因解释和说明基本上是根据中介语理论做出的，但是划分标准不一致，解释缺乏层次性。可以从类型、来源到心理策略三个层面来解释成因的层次性。

第一层，偏误类型（从偏误形式与目的语正确形式对比的角度来分类）。一是语言要素分类，如语音、文字、词汇、语法、语用，每项还可以再分类；二是语言形式分类，有错音、错字、错位、错词、羡余、缺失；三是语言能力分类：听力、口语、阅读、写作。

第二层，偏误来源（从造成目的语偏误的来源与目的语的关系来分类）。一是语际迁移：母语、第一外语；二是语内泛化：目的语；三是语释误导：教师讲解、教材注释；四是语外影响：思维、文化、逻辑等。

第三层，偏误心理（从偏误形式与目的语正确形式对比分析的角度揣测表达的心理策略）。一是外在形式：移位、替换、增减；二是内在策略：推理、回避、类比。

从类型、来源到心理策略是层层深入的，对来源来说，类型是描写，来源是解释；而对心理策略来说，来源是描写，心理策略是解释。下边用几个例子来说明：

(16)［德］我去了一会儿以后，就到了车站。

偏误类型是：词汇（动词）、错词、写作；来源是：语际迁移、母语负迁移；心理策略是：替换、类比。学生把母语动词（gehen：去、走）类比为汉语的"走"，认为汉语的"去、走"一样，把"走"替换为"去"。类似偏误还有：［韩］我连念都不会念这件事情。韩国语的"念"有汉语"想"的意思。

(17)［泰］新年近来了，我们准备很多节目。

偏误类型是：词汇（形容词）、错词、口语；来源是：语际迁移、第一外语（英语）负迁移；心理策略是：替换、类比。学生英语较好，把英语表示空间距离的"near"替换为汉语的"近"了，在心理上认为在空间上"近"与时间上"将近、快要"是一样的。

(18)［日］大下雪的时候，公共汽车和火车停了。

偏误类型是：语法、错位、写作；来源是：语际迁移、第一外语（英语）负迁移；心理策略是：移位、推理。这个日本学生认为，英语和汉语的语法是一样的，英语的动词在宾语的前边，推理汉语也是，于是他把日语语序"大雪下的时候"移位以后，变成汉语的"大下雪的时候"，他没有注意汉语宾语有时有自己的定语"大"，应该把"大"移到"下"的后边去修饰"雪'，就可以了。

(19)［韩］天白了，我就起床。

偏误类型是：词汇、错词、口语；来源是：语外影响、逻辑；心理策略是：替换、推理。学生知道太阳落山以后就"天黑了"，通过逻辑推理认为，"黑"与"白"相反，太阳出来以后当然是"天白了"，就用"白"替换了他并不知道的"亮"。

总之，学生偏误的成因是分层次的。最深层的是认知心理的解释，心理活动是人类精神活动的基础。教师了解了学生的偏误规律，抓住不同阶段的主要偏误，并能揭示造成偏误的深层次原因，就可以增强教学的预测性和针对性，降低学生的偏误率，有利于培养留学生的汉语语感，使留学生自己判断自己汉语的偏误类型，并分析偏误来源及其纠正策略。

【参考文献】

［1］蔡整莹、曹文：《泰国学生汉语语音偏误分析》，《世界汉语教学》2002年第2期，第86—92页。

［2］曹秀玲：《韩国留学生汉语语篇指称现象考察》，《世界汉语教学》2000年第4期，第77—83页。

［3］陈慧：《外国学生识别形声字错误类型小析》，《语言教学与研究》2001年第2期，第16—20页。

［4］陈珺：《阅读训练中理解性偏误的类型、原因及对策分析》，《云南师范大学学报》2003年第3期，第1—6页。

［5］陈前瑞、赵葵欣：《汉语第二语言习得研究述评》，《汉语学习》1996年

第 5 期，第 33—37 页。

　　[6] 陈小荷：《跟副词"也"有关的偏误分析》，《世界汉语教学》1996 年第 2 期，第 53—59 页。

　　[7] 丁安琪、沈兰：《韩国留学生口语中使用介词"在"的调查分析》，《语言教学与研究》2001 年第 6 期，第 18—22 页。

　　[8] 杜同惠：《留学生汉字书写差错规律试析》，《世界汉语教学》1993 年第 1 期，第 69—72 页。

　　[9] 方欣欣：《中高级水平韩国学生的教学重点》，《汉语学习》2001 年第 5 期，第 64—74 页。

　　[10] 方绪军：《中介语中动词句的配价偏误分析》，《语言教学与研究》2001 年第 4 期，第 39—47 页。

　　[11] 高立群：《外国留学生规则字偏误分析——基于中介语语料库的研究》，《语言教学与研究》2001 年第 5 期，第 55—62 页。

　　[12] 高宁慧：《留学生的代词偏误与代词在篇章中的使用原则》，《世界汉语教学》1996 年第 2 期，第 60—70 页。

　　[13] 何立荣：《浅析留学生汉语写作中的篇章失误》，《汉语学习》1999 年第 1 期，第 44—47 页。

　　[14] 贺上贤：《对比分析和错误分析》，《第二界国际汉语教学讨论会论文选》，北京语言学院出版社 1988 年版，第 520—524 页。

　　[15] 胡建刚、周健：《留学生标点符号书写偏误分析》，《语言文字应用》2003 年第 3 期，第 113—117 页。

　　[16] 姜德梧：《从 HSK（基础）测试的数据统计看"把"字句的教学》，《汉语学习》1999 年第 5 期，第 50—53 页。

　　[17] 理查德：《错误分析、中介语和第二语言习得研究述评》，《语言教学与研究》1999 年第 1、2 期，第 58—65、99—118 页。

　　[18] 李大忠：《"使"字兼语句偏误分析》，《世界汉语教学》1996 年第 1 期，第 76—79 页。

　　[19] 李大忠：《外国人学汉语语法偏误分析》，北京语言文化大学出版社 1996 年版。

　　[20] 李大忠：《偏误成因的思维心理分析》，《语言教学与研究》1999 年第 2 期，第 110—119 页。

　　[21] 李珠、王建勤：《关于学生阅读理解失误的调查报告》，《语言教学与研究》1987 年第 2 期，第 111—118 页。

［22］刘明章：《语音偏误与语音对比——谈朝鲜人汉语语音教学问题》，《汉语学习》1990 年第 5 期，第 52—56 页。

［23］刘颂浩：《对 9 名日本学生误读现象的分析》，《语言教学与研究》1999 年第 2 期，第 97—109 页。

［24］鲁健骥：《中介语理论与外国人学习汉语的语音偏误分析》，《语言教学与研究》1984 年第 3 期，第 44—56 页。

［25］鲁健骥：《外国人学习汉语的词语偏误分析》，《语言教学与研究》1987 年第 4 期，第 122—132 页。

［26］吕文华、鲁健骥：《外国人学习汉语的语用失误》，《汉语学习》1993 年第 1 期，第 41—44 页。

［27］马燕华：《中级汉语水平日本留学生汉语语段衔接调查分析》，《语言文字应用》2001 年第 4 期，第 31—35 页。

［28］梅介崇等：《对留学生汉语习得过程中的错误分析》，《语言教学与研究》1984 年第 4 期，第 115—121 页。

［29］盛炎：《语言教学原理》，重庆出版社 1990 年版。

［30］施正宇：《外国留学生形符书写偏误分析》，《北京大学学报》1999 年第 4 期，第 147—153 页。

［31］施正宇：《外国留学生字形书写偏误分析》，《汉语学习》2000 年第 2 期，第 38—41 页。

［32］王绍新：《超单句偏误引发的几点思考》，《语言教学与研究》1996 年第 4 期，第 76—89 页。

［33］吴英成：《学生华文作文的偏误与其学习策略关系的初探性研究》，《语言教学与研究》1990 年第 2 期，第 85—98 页。

［34］肖奚强：《外国学生照应偏误分析——偏误分析丛论之三》，《汉语学习》2001 年第 1 期，第 50—54 页。

［35］肖奚强：《略论偏误分析的基本原则》，《语言文字应用》2001 年第 1 期，第 46—52 页。

［36］肖奚强：《外国学生汉字偏误分析》，《世界汉语教学》2002 年第 2 期，第 79—85 页。

［37］徐丽华：《外国学生语气词使用偏误分析》，《浙江师范大学学报》2002 年第 5 期，第 89—92 页。

［38］杨翼：《B 级证书获得者作文中的杂糅现象分析》，《语言教学与研究》1998 年第 1 期，第 56—68 页。

［39］张永芳：《外国留学生使用汉语成语的偏误分析》，《语言文字应用》1999 年第 3 期，第 25—30 页。

［40］赵金铭：《外国人语法偏误句子的等级序列》，《语言教学与研究》2002 年第 2 期，第 1—9 页。

［41］邹洪民：《语言单位的统一性与对外汉语教学中的偏误分析》，《语言与翻译》2002 年第 2 期，第 52—54 页。

［42］S. P. Corder. The Significance of Learner's Errors. Penguin：*International Review of Applied Linguistics*. 1967，V（4）.

［43］S. P. Corder. *Introducing Applied Linguistics*. Harmondsworth：penguin Books Ltd.，1973.

本章前半部分摘自《对外汉语偏误分析二十年研究回顾》载《云南师范大学学报》（对外汉语教学与研究）2005 年第 2 期，第 70—76 页。

本章后半部分摘自《初级阶段留学生偏误的规律性及成因分析》载《云南师范大学学报》（对外汉语教学与研究）2006 年第 3 期，第 35—40 页。

第五章　语感形成的内化转化

"语感"问题一直是语言学界和语言教学界一个尚未定性而论说不清的概念，中外很多学者从不同的角度给语感以不同的定义。我们应该把对语感问题的研究分成语感理论和语感实践，从理论上研究"语感是什么？"实践上的研究又可以分成应用与教学两个方面，应用研究关注"语感是怎样起作用的？"教学研究关注"语感是怎样形成的？"

从教学上看，母语和第二语言的语感培养也是不同的，因为母语的教学对象都是具有一定母语语感基础的学生，一般来讲，母语学生凭自己的语感生成的句子是正确的；而第二语言的教学对象一般没有一定的第二语言的语感基础，因此，在教学方法上，母语和第二语言的语感培养有所不同。

从第二语言教学来看，传统的分技能教学理论虽然起过积极的作用，但不利于培养留学生的汉语语感，反而形成了读、听、说、写四种言语能力依次递降的问题。教师应该在使留学生掌握一定的言语要素的过程中培养留学生的语感，也就是说，使学生把语音、词汇、语法等语言要素内化，因此，从第二语言教学角度来看，语感就是意义及其负载形式的内化（interiorization）。内化的本质主要研究第二语言的言语要素（意义和形式）与母语的言语要素的迁移（transfer），与认知结构的同化（assimilation）、顺应等复杂的信息处理过程。

第一节　语感问题的分类系统

在语言学和语言教学的研究中，语感问题是一个敏感而又棘手的研究课题。自 20 世纪 80 年代以来，国内外众多学者从语言学的各个分支交叉学科和语言教学特别是母语教学方面对语感的性质、语感的培养、语感与听、说、读、写的关系以及语感在语言教学中的地位等一系列问题进行了分类、界定和描述，提出了很多有价值学术观点。

西方最早探讨"语感"问题的是：De Villiers, P. A. & de Villi-ers, J. G.，他们是在 1972 年研究两三岁儿童对语义和句法的判断力时，发现了儿童对语义不通和句法不顺的句子所具有的识别能力，他们把这种能力称为"Sense of Language"。以后，Clark, E. V. 在 1978 年提出的"Language consciousness"主要研究语感对言语行为发生前、中、后的调整功能。1980 年 Chomsky, N. 把"Language intuition"来作为判断语法规则是否符合实际情况以及句子是否恰当的依据。1981 年 Sinclair, A. 又提出了"Language awareness"，把它作为对言语行为中使用的句法结构正确得体与否进行审正的能力。以后很多语言学家和心理学家开始沿着这条理性主义的道路研究下去，把语感细化为语音感、语义感、语法感等。从西方学者的研究，我们发现，他们并没有把语感看成不可预知的神秘的感觉或直觉，即使 Chomsky 的语言直觉，也被看作人们借助语言进行表达和理解的过程中的监控能力。

中国最早提出"语感"概念的是夏丏尊和叶圣陶，在 1980 年他们的语感主要是指对"辞"的灵敏的感觉。同年，朱德熙（1980/1999：303）把对口语的感性认识和理性认识作为判断文章通顺与否的依据，尽管没有提到语感概念。1981 年，邢公畹（1981：15）提出语感是对语言的感性认识。吕叔湘在 1985 年把语感分为语音感、语义感和语法感。以后很多学者开始对语感从理论和实践两个方面进行深入的探讨，取得了丰厚的成果。为了便于说明，可以从理论与实践两个层面对前人有关语感问题的观点进行综合：

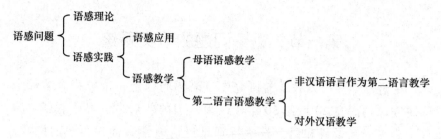

图 5—1　语感问题分类

　　首先，在语感理论上，中西学者的观点都是围绕人与语言来阐述的。从表面上看，人与语言是感知者和感知对象的关系，人通过感知获得了有关语言的各个方面的感性认识，这种认识的展示过程表现为不假思索的瞬间，因此语感是一种直觉。实际上这是一种较为简单化的分析层次，众所周知，脱离语言的语感和脱离人的语感都是不存在的，人与语言是不可分离的，我们应该从形成、作用、构成和表现上分析语感所包含的深层次的要素。

　　一是从语感的形成看，人就是在习得或学习语言的过程中，在掌握语言的意义及其负载形式的过程中，逐步具有了语感，语感的形成过程是人自身逐步语言化的过程，作为一种能力，无论母语的习得或学习还是非母语的习得或学习，语感都是语言的诸种要素内化的结果。但是内化的过程是极其复杂的，在这个过程中，既有语言对人的认知结构的言语化、意义化和形式化，又有人的认知结构对语言的同化和顺应。在语言和人的认知结构的双向作用下，在人听、说、读、写语言信息的过程中，人逐步养成了一种对表达与理解活动中的言语恰当得体与否的监控能力。而单纯从培养语感的教学活动上看，语感就是意义及其负载形式的内化，这一定义为语感教学奠定了基础。教师在教学过程中就要坚持从如何促进语言要素的内化着眼，在外在语言转化为内在语言和内在语言转化为外在语言的互动中，培养学生的读、听、说、写的能力，并在此基础上，形成良好的语感。

　　二是从语感的作用看，语感对言语活动的前、中、后具有预知、协调和校正三种整合能力，无论表达还是理解，良好的语感都会在语音、语义和语法上迅速地调节言语活动并力求恰当得体地表达自身思想或者确切深刻地理解他人表达的诸种层次的意义；同时，语感对语句的形成过程具有方向上的构建监控作用，在构建上，语感参与了语句生成的过程，在参照具体的语境、情境、文化等因素下，为语句选择不同色彩的字、词、句提供标准。在监控上，语感会依据本身已内化的语言要素检测自己或别人的语句是否正确、恰当、得体。从语感的作用说，语感是对言语行为中表达与理解过程的构建监控能力。

三是从语感的构成看，如果按照语感的对象即语言划分，语感包括语音感、语义感和语法感；如果按照语感自身的构成看，语感是语言系统对语言现象的加工整理能力。语言系统是认知结构与语言要素在同化和顺应的过程中融合而成，同化是人利用原有认知结构对语言要素的检测和认同，使原有认知结构通过同化把语言要素整合到自身之中，甚至使原有认知结构得到丰富、提高或者派生新的认知模式。顺应是语言要素对认知结构的同化，从而构建新的认知结构。认知结构与语言要素的同化和顺应过程就是内化的过程。语言现象就是人们听、说、读、写所处理的语言信息。语感就是在语言系统加工调控语言信息的过程中所体现的语言能力。语言系统和语言现象的互动过程也有同化和顺应两种方式，尤其在第二语言教学中更为明显，语感能力在语言系统和语言现象的同化和顺应中得到逐步提高。

四是从语感的表现看，语感具有不经过复杂智力操作的逻辑推理过程而直接迅速地反应的特点，表现为直接性、整体性、敏捷性和不确定性等。根据神经认知语言学的观点，认知结构与内化的语言要素整合形成的语言系统建立并巩固之后，语言系统内部就形成了一个言语动力定型系统，它把语言的意义及其负载形式与认知结构联系起来，并程序化、定型化。一旦与内化的语言要素相同、相近或相反的某种语言现象出现，就可以自动地引起与之相关的言语动力定型系统的类似直觉的反应。

总之，通过对语感的形成、作用、构成和表现的分析，把诸种学术观点综合起来的同时，也把语感深层次的动力结构揭示出来了，但这只是一种理论的分析，有很多观点还需要神经认知语言学、脑科学、病理学等实验科学的检验和验证。

其次，在语感实践上，可以把语感分成应用和教学两个方面。语感的应用主要表现在对语言信息的听、说、读、写、译等方面，现在围绕这些能力探讨语感应用的文章越来越多，例如，1986 年，Stuart-Hamilton 研究了语音感对分辨音位、字位（grapheme）、听力和阅读速度的影响；1996 年王培光（1996：441）得出了语感可以提高写作能力的结论；有些学者已经开始研究语感在阅读中的理解监控（comprehension monitoring）作用。但由于刚刚起步，很多观点仍然不很成熟，也不系统，在这方面我们仍需做大量的调查研究工作。

在语感教学方面，我们分成母语语感教学和第二语言语感教学。中国学者在研究母语语感教学方面取得了很多成果。早在 1982 年叶圣陶（1982：2）就强调指出："语言文字的学习，就理解方面说，是得到一种知识；就运用方面说，是养成一种习惯"，"至于语言文字的训练，最要紧的是训练语感"（叶圣陶，1982：163），结合语文教学的实际，他还提出了心、眼、口、耳并用的吟咏学习法和范读、美读的吟咏教学法。1984 年吕叔湘（1984：154）也曾指出："语文教学的首要任务就是培养学生各方面的语感……一个学生的语感强了，他在理解和表达方面都会不断前进。"为了便于训练，他还把语感分成语音感、语义感和语法感。另外很多学者总结出语感教学的两个原则：语感实践和语感分析。前者是让学生自己接触和使用语言材料。后者是分析语言的语境意义（或隐含意义）和语言的使用。前者是感性经验的积累，后者是理性认识的提升。在对母语语感教学的研究上，中国积累了丰富的经验，为第二语言语感教学研究打下了良好的基础。

但是母语语感教学与第二语言语感教学之间存在着很大的差异。母语的教学对象一般有一定的母语听说能力，有一定的母语语感基础；母语教学大多数从孩子开始，其认知能力和语言能力相辅相成、共同进步，认知结构与语言要素结合起来比较容易形成语言系统；不存在不同语言之间的正负迁移问题，没有中介语现象，没有文化障碍或冲突。第二语言的教学对象一般都是成年人，他们没有一定的第二语言的听说能力和语感基础；他们的认知能力相当成熟，其认知结构已经与母语通过同化和顺应整合形成完备的语言系统；在学习第二语言时存在母语与第二语言的迁移现象，产生中介语和文化差异等一系列问题。当然，第二语言教学也有很多分支，不同的语言作为第二语言教学也有很大差异。

第二节　传统教学的技能分化思想

长期以来，我们都或多或少地强调从言语技能角度来看待听、说、读、写，并从功能上设置编排了与之相应的课型和教材，以提高学生相应的言语能力。这种分化观念和分技能训练的思路也确实起到了很好的作用，尤其在培养口头交际能力方面，达到了一定的教学效果。然而，很多教师在教授听力、口语、阅读、写作和精读等课型时，由于受分技能教学思想和口头交际能力先行观念的影响，部分地把教学方法与言语技能、课型任务简单地对应起来，结果不仅造成了教学方法的过分单一，也使很多学生感到教学内容枯燥无味，学习兴趣下降，不愿意上一些分技能的课，如阅读课、写作课、听力课等。

我们认为，仅仅从言语技能的性质和教材课型的目的角度界定听、说、读、写等言语能力是远远不够的，重要的是要求教师在各种课型中以语感培养为核心，在教师、教材和学生之间协调运用听、说、读、写等言语能力，从而调动学生的积极性，增加学生的紧张度，培养学生的兴趣。

传统的语言教学理念是从信息的传递途径和语言的交际方式角度把听、说、读、写的性质通过表5—1表示出来：

表5—1　　**基于信息传递与交际方式的听、说、读、写分类**

信息角度 交际方式	表达（输出）	理解（输入）
口头语言	说	听
书面语言	写	读

　　这种划分固然使我们对听、说、读、写的性质有了一定的认识，为我们掌握它们的特点从而编写相应的技能训练教材打下了一定的理论基础。但是单纯地从技能分类角度认识听、说、读、写的性质，把它们简单地归为信息的输入或输出和语言的口头或书面，除了从理论上为确定教学目的和培养目标提供指导以外，并不能从根本上解决如何引导学生学会听、说、读、写的能力问题，更不能使我们从教学方法的层面深入探讨如何培养学生的言语能力和语感等问题。相反，我们却有意识无意识地把用于训练学生相应技能的教材与使用该教材的教学方法一一对应起来，听——听力，说——口语，读——阅读，写——写作。这种简单化倾向在精读教学中表现得尤为明显，就是以教师讲语法、学生理解为主，这在初级班的教学中很是尴尬，因为学生根本听不懂教师的讲解。

　　我们应该从认知语言学的角度深入分析"读"的本质，从而揭示听、说、读、写的内在关系。那么，"读"是什么？根据诸多词典的解释："读"就是主体运用视觉把外在已经存在的客观视觉信息通过有声或无声的口头活动陈述出来。即使在默读时，人的口头也是有活动的，比如舌头、声带、嘴唇等都会在阅读过程中不自觉地运动，只是没有变成可供自己或者别人作为依据的外在语音，这一点已经被实验语言学所证实。而"说"就是主体借助口头言语把大脑中已储存的外在信息或者产生的内在思想观点表达出来，或者依据自己的内在思想观点把外在的视觉或听觉信息解释出来。"听"就是主体运用听觉把外在已经存在的客观听觉信息通过耳朵输入大脑，变成可理解的信息的过程。"写"就是主体借助笔依据内在存储的言语信息把外在视觉或者听觉信息记录下来，或者把内在的所思所想无声地展示为视觉信息。由此可知，听、说、读、写都涉及信息的外在和内在以及外在和内在的主体感官通道的问题。读和听主要是一种主体借助视听、依据字形或字音再现式机械模仿并试图理解外在物质载体所蕴含意义的言语能力，信息是由外到内。而说和写主要是主体借助口手、依据内在意义或情境表现式地将与之相关的物质载体连接，从而形成字形链和语音链的言语能力，目的是将意义链表现出来，信息是由内到外。因此，我们可以从信息的存储方式和主体的接收表达方式两个层面重新看待听、说、读、写四种言语能力。

表5—2　　　基于信息方式与接收方式的读、听、说、写分类

主体方式	读	听	说	写
信息方式	视觉信息（外在）	听觉信息（外在）	口头信息（内在）	书写信息（内在）

　　但是，这种理解仍然过于拘泥于诸种言语能力在主体感官和信息依据上的差别，对我们从教学方法的角度来充分利用教师和学生的听、说、读、写来说，不能产生很积极的影响。认知语言学认为：人是一个有机的整体，人的诸种感官是相通的。特别是在教学上，我们完全可以打破仅仅从视觉感官和信息由外到内两个层面对"读"理解，而是提出我们在把信息从视觉转换为听觉再转换为口觉进而运动觉的过程中，也可以把"读"作为教学法统摄、涵盖、贯穿听、说、写训练的全部过程，"读"不仅仅是指主体运用视觉把外在的视觉信息通过口头（有声或无声）陈述出来，也是指主体把听觉信息甚至内存信息通过口头或者书面的形式表达出来。从言语信息角度看，所谓的听、说、读、写只是言语信息的展示方式不同而已，依据言语信息的展示方式和学生的认知方式不同，任何课型都可以根据主要的培养目标设计独特的教学方案，充分发挥听、说、读、写在教学上的作用。教师在学生的交互作用中把"读"贯穿于"听""说""写"的实际操练中，使"读"在信息形式的转换中涵盖了"听""说"和"写"，使学生以教师领读与学生跟读、视读、听读为基础，达到"听""说""写"和"读"的充分结合。由此，我们就会在学生诸种感官的交替或同时运用之中建立言语信息的存储转换模式，进而淡化听、说、读、写之间的机械划分，这样有利于调动学生的学习积极性，激发学生的学习兴趣，增强他们的紧张度。

　　可以说，语感作为一种综合言语能力，不能单靠分别训练听、说、读、写四种能力后通过简单机械地相加就形成汉语语感，语感的形成必须有一个内化与转化的过程。

第三节　语感形成的内化转化

如果说把不会说话的孩子教得会说话，是从让孩子"听"开始的，按照"听、说、读、写"的习得和学习序列发展，那么，教会说母语的留学生学会说汉语则是从让他们"读"开始的，按照"读、听、说、写"的学习顺序推进。正如杨惠元（1996：12）所言："听和说都需要思维，而思维都离不开原来储存在大脑中的已有的言语信息，即经验成分。因此，我认为，帮助语言学习者在大脑中储存足够的言语信息乃是提高语言水平，促进交际顺利进行的先决条件。"而"读"具有接收和存储大量信息的功能，是人类接收信息的主要渠道。因为人的不同感官的信息接收度和存储量是不同的，有人就一般人通过不同感官接收信息和积累知识的比例做过调查："人所获得的知识，其中60%来自视觉，20%来自听觉，15%来自触觉，3%来自嗅觉，2%来自味觉"（阎立钦，1996：219）；这从信息输入角度反映了不同感官在语言学习上的不同作用，反过来也说明了人的输入性知识主要以视觉信息和听觉信息的方式存在。另外，每一种有文字符号的语言作为知识信息的主要负载方式，都具有可视性、可听性、可说性、可写性；人的输出性知识主要以口头信息和书写信息的方式存在。由此，我们就可以把不同感官作为人的知识的不同存储方式的分类依据，对使用该语言的每一个人而言，知识信息主要有四种主体存储方式，即视觉信息、听觉信息、口头信息和书写信息，从语言能力上看就是读、听、说、写。就一般人而言，四种信息存储方式的信息量呈现递减的状态，这一点已经被众多的第二语言学习者所证实，也就是说第二语言学习者看懂的语言信息远远大于听懂的语言信息，听懂的语言信息又大于能表达的语言信息，而能书写的信息则更少。即视觉信息量＞听觉信息量＞口头信息量＞书写信息量，这是典型的第二语言学习中的瓶颈现象。这一现象除了与人的生理感官有关外，也与当前的技能分化思想有直接关系。

作为言语能力的读、听、说、写，它们都是面对一个共同的对象——信息。但信息对诸种能力而言，信息因主体的接收方式而呈现不同的方式，而且信息方式的不同导致四种言语能力之间的差异，请看表5—3：

表5—3　　　　　　　　　　　读、听、说、写的对比

信息技能	内外关系	负载形式	抽象程度	时间暂留	培养难度	生理感官
读	由外到内	文字	具体	反复	易	视觉
听	由外到内	语音	抽象	即逝	较易	听觉
说	由内到外	语音	抽象	即逝	较难	口
写	由内到外	文字	具体	反复	难	手

这就为第二语言教学的语感培养提出了一个新的问题：能不能促进留学生由视觉信息向听觉信息、由视觉听觉信息向口头和书写信息的信息存储方式的转化呢？能不能促进留学生由读到听到说到写的语言能力转化呢？对这两个问题的回答是肯定的。现代脑科学的研究结果为信息转化和能力转化提供了科学的依据。McGill 大学的 Fred Genesee 教授（2000：12）在《大脑研究对第二语言学习的启示》中指出："长期以来人们知道大脑的不同区域有专门的功能，例如，大脑前叶与抽象推理和计划有关，而后叶涉及视觉。直到最近人们仍然相信：这些专门的区域是从一个决定大脑特殊区域结构和功能的遗传性蓝本发展来的，也就是说，大脑的特殊区域天生是用来处理一定种类的信息的。然而，新的证据表明大脑比以前所想的有更多的可塑性。最近的一些发现表明：大脑特殊区域的专门功能并不是与生俱来的，而是通过后天的经验积累和学习形成的。"也就是说，大脑不同区域的功能并不是由遗传决定的，而是由外部包括语言在内的诸种信息的结构和功能决定的，遗传只是为大脑发展不同功能提供了硬件，后天的信息输入方式才是决定不同区域具体功能的软件。大脑自身的可塑性（plasticity）和不同区域的共通的生理结构为教学通过外部不同存储方式的语言信息的输入和输出建立大脑内部不同区域的联系提供了

生理依据上的可能性，也为信息的转化和语言能力的转化提供了脑科学的根据。

大脑的内部组织是一个有待开发的系统，不同的外在信息方式内化形成不同的语言能力和脑区域功能。例如，有的人不会读和写，但是听的语言能力非常发达，就是因为他们在一定的语言环境长期生活时接收的是听觉信息（即语音），那么负载意义的语音通过感官"耳"以听觉信息的方式输入大脑，久而久之，语音在大脑建立听觉区，并形成听的能力。与之相同，读、说和写的语言能力都可以这样建立。这是语感形成理论的纵向，即语感是意义及其负载形式的内化。同时，大脑还是一个网状认知结构，外在语言信息的转化会相应地引起脑内部不同区域的横向联系，建立大脑内部的网络系统。这是语感形成理论的横向，即语感是在读、听、说、写的转化过程中形成的。

表 5—4 　　　　　　　　　　　　**内化与转化的相关要素**

外在信息	文字	语音	语音	文字
感官	眼	耳	口	手
信息存储方式	视觉	听觉	口头	书写
语言能力	读	听	说	写
大脑区域	视觉区	听觉区	口头区	书写区

从本质上说，内化不仅仅涉及读和听的信息输入，同样，说和写的信息输出也是检测内化与否和程度大小的重要标志。通过内化在纵向上形成了读、听、说、写等不同语言能力，也建立了大脑不同区域的功能。转化则在横向上打通读、听、说、写的关系，构建大脑不同区域的联系。语感就是在内化和转化的过程中由控制性向自动化呈上扬曲线逐步形成。

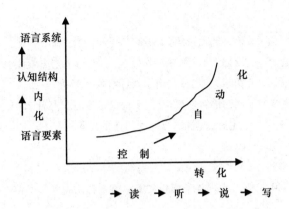

图5—2 内化与转化过程中语感形成

【参考文献】

［1］李海林:《语言的隐含意义、语感与语感教学》,《语文学习》1992年第10期,第13—16页。

［2］吕必松:《对外汉语教学概论》,北京语言文化大学出版社1996年版。

［3］吕叔湘:《中学教师的语法修养》,《中学语文教学》1984年第10期,转载《吕叔湘全集》第十一卷,辽宁教育出版社2002年版,第149—155页。

［4］邵敬敏:《汉语语法的立体研究》,商务印书馆2000年版。

［5］盛炎:《语言教学原理》,重庆出版社1990年版。

［6］王培光:《语言运用能力与语言审析能力的分析与验证》,《中国语文》1996年第6期,第440—446页。

［7］王培光:《语言教学中的语感因素》,《语言教学与研究》1999年第3期,第107—116页。

［8］王尚文:《语感:一个理论和实践的热点》,《语文学习》1993年第3期,第2—5页。

［9］夏丏尊、叶圣陶:《文心·语汇与语感》,载《实用语文教学词典》,天津教育出版社1980年版。

［10］邢公畹:《论"语感"》,《语言研究》1981年第1期,第15—19页。

［11］阎立钦:《语文教育学引论》,高等教育出版社1996年版。

［12］杨惠元:《汉语听力说话教学法》,北京语言文化学院出版社1996年版。

［13］杨寄洲:《汉语教程》第二册(下),北京语言文化大学出版社1999

年版。

〔14〕叶圣陶:《语文教育论集》,教育科学出版社 1980 年版。

〔15〕叶圣陶:《论创作》,载《写作漫谈》,上海文艺出版社 1982 年版。

〔16〕张德禄:《功能文体学》,山东教育出版社 1998 年版。

〔17〕赵艳芳:《认知语言学概论》,上海外语教育出版社 2001 年版。

〔18〕赵春利、杨才英:《言语行为中语感的逻辑界定》,《长江学术》2002 年第 1 期,第 210—219 页。

〔19〕朱德熙:《从作文和说话的关系谈到学习语法》,《语文学习的基础》,商务印书馆 1980 年版,转载《朱德熙文集》第 4 卷,商务印书馆 1999 年版,第 303—307 页。

〔20〕Banich, M. T. *Neuropsychology*: *The neural bases of mental function.* Boston: Houghton-Mifflin, 1997.

〔21〕Bigler, E. D. The neurobiology and neuropsychology of adult learning disorders. *Journal of Learning Disabilities*, 1992, 25, p. 488 – 506.

〔22〕Casanave, C. P. Comprehension Monitoring in ESL reading: a neglected essential. *TESOL Quarterly*, 1988, 22/2: p. 283 – 302.

〔23〕Chomsky, Noam. *Rules and Representations.* Oxford: Basil Blanckwell, 1980.

〔24〕Chomsky, Noam. A minimalist program for linguistic theory. In Kenneth Hale and Samunel Jay Keyser, eds. , *The View from Building Twenty.* Cambridge, Mass: MIT Press, 1993, p. 1 – 52.

〔25〕Clark, E. V. *Awareness of Language*: *Some evidence from what children say and so.* In A. Sinclair, R. J. Jarvella, & W. J. M. Levelt (Eds.), *The Child's Conception of Language*, New York, N. Y. : Springer-Verlag, 1978.

〔26〕De Villiers, P. A. & de Villiers, J. G. Early Judgements of Semantic and Syntactic Acceptability by children, *Journal of Psycholinguistic Research*, 1972, 1, p. 299 – 310.

〔27〕Fred, Genesee. Brain Research: Implications for Second Language Learning, Mc-Gill University December 2000 EDO – FL – 00 – 12.

〔28〕Halliday, M. A. K. *Language as Social Semiotic*: *The Social Interpretation of Language and Meaning.* Edward Arnold Publishers, 1978.

〔29〕Heine, Bernd. *Cognitive Foundations of Grammar*, Oxford University Press, 1997.

［30］Lamb, Sydney M. *Pathways of the Brain*. John Benjamins Publishing Compa-
ny, 1999.

［31］Piaget, J. *The Principles of Genetic epistemology*. London, Routledge & Keg-
an Paul, 1972.

［32］Scovel, Thomas. *Psycholinguistics*, Cambridge University Press, 1998.

［33］Sinclair, A. Thinking about Language：An interview study of children aged
eight to eleven. *Osnabrucker Beitrage zur Sprachitheorie*, Germany：Universitat Os-
nabruck, 1981, 20, p. 44 – 61.

［34］Stuart-Hamilton, I. The role of phonemic awareness in the reading style of
beginning readers. *British Journal of Psycholinguistic Research*, 1986, 16, p. 369 – 382.

本章部分内容摘自《语感问题与第二语言信息转换教学法》，与
杨才英合作发表于《现代中国语研究》2002 年第 4 期，第 131—
142 页。

部分内容摘自《从教学法角度谈"读"的性质、作用及意义》，
载《对外汉语阅读研究》（周小兵、宋永波主编），北京大学出版社
2005 年版，第 169—183 页。

下　编

语感培养实践

第六章 语感培养的基本原则

在第二语言教学中，如何培养零起点留学生有较好的语感能力，这是一个至今仍没受到重视和研究的问题。本章基于对外汉语的教学实际及其理论反思提出一些原则。一方面，理论语感学的建立需要教学经验的积累和反思，而且只有对语感培养的教学经验积累和反思达到一定程度的时候，理论语感学才能在理论深度上有所突破，才能促进语感教学的整体化和系统化。另一方面，教学语感学发展也需要理论的指导和技巧的丰富，从而促进第二语言教学的目标化和本质化。功能语言教学的贡献是把语言的作用和语言使用者的交际目的结合起来，语感学的目标是培养语言使用者的语感能力，促进语言研究的重点由功能语言学的重语言的外在功能与使用者的目的向语感教学的重内在语感能力的转化。

第一节 语感培养的原则依据

语言的形式和功能是多样的，对其进行分析、归类、综合与界定，是理论语言学的目标。而教学语感学却把语感能力的培养作为指导思想，学生知道语言的本质、言语的功能、句式的语法以及语词的用法等，这只是语言学习的开始，问题的关键是如何"使用语言"，如何把有关语言与言语的知识转化为具有无限创造性的"能力"。长期以来，理论语言学和应用语言学都受本质论、知识论和认识论的影响，都在"知其然、还要知其所以然"的思维框架中跋涉，这并没有什么过错，这是对语言由感性描述上升为理性研究进而掌握其规律的必然之路，是人类认识的自然逻辑顺序，但是仅仅停留于此并非语言研究的初衷，更不是语言教学的最终目的，而只是到达"教师如何培养与学生如何形成语感能力"这一目的的途径。从教学上说，教师不仅在传授知识意义上将新的语言研究成果用于教学实际，来检验理论的实用性、正确性和有效性，而且还要在教学实践中以语感能力的培养为目的寻找有效的教学方法来促进语言功能以及知识的能力化，由"要学生说"转为"学生要说"，由"知识性、理解性有意造句"转为"能力性、交际性无意说句"。

众所周知，母语教学存在着语感教学的问题，培养学生在听、说、读、写方面的语感能力成为母语教学的基本指导思想和目标。同样，第二语言教学更应坚持以训练学生的语感能力为基本原则，而且情况更加复杂。第二语言语感能力的培养与母语语感训练具有相似性，如坚持语音链与意义链相统一的原则，注意运用在句式中通过变换同义词来理解同义词细微差别的方法，通过聚合词语的替换与扩展来强化某种句式，在不同的层次和阶段遵循着听、说、读、写的逻辑顺序，尽管时间的长短不尽相同，等等，这是由语言教学的共同本质所决定的。同时，第二语言教学的语感训练又有自身的特点。

首先，母语教学不存在思维模式的差异问题，不存在母语对第二语言的影响问题（这里不应包括儿童习得与学习第二语言的情况，我们主要谈论如何培养思维已被母语模式化了的学习者的语感能力的情况）。

其次，母语教学的对象是已具备一定语感能力的学生，问题在于如何"提高"语感能力。而第二语言教学的对象是思维已被母语模式化的学生，问题在于如何在母语化的思维模式和语言区里链接新语言所负载的思维模式和语言区，即属于"培植"语感能力的题。比如对是非问句的回答，汉语是直接对提问者问话的回答，而英语却无视提问者的问题本身，只是表达自己肯定或否定的意向（王建勤，1997：4）。老师除了在教学中讲清差异以外，还要通过由视到听到说的转化，形成学生由自觉到非自觉的语感能力，由此也带来了语感训练着重点的不同。

　　第二语言教学中语感原则的确定有其客观的依据。语音的链接是由于意义组合的连贯，意义包含着有关人类认识的所有观念，其中以语义库与模块的形式积淀和聚合在意识中的文化传统是最为民族化和语言化的意义。而一种语言的意义的组合规律又表现为思维被该语言模式化后形成的思维模式。语言本质所表现的"思维—思维模式—意义—语音"的由内向外的纵向结构为第二语言教学中由"语音—意义—思维模式—思维"组成的由外向内的纵向训练结构这一语感训练的原则奠定了理论基础。我们认为，对外汉语教学初级阶段的语感培养应该遵循以下三个原则。

第二节　语音与意义的内化原则

　　第一原则：在语流中教学音与义的联系以及促进语音链和意义链内化的原则。

　　由于民族语言的差异，民族思维被语言化后形成思维模式的不同。语言中的什么因素导致思维的语言化与模式化呢？主要是语音、语词和它们的结构规律也即语法，而它们所共同指向的意义却是每个民族所共有的。具有英语思维模式的人之所以可以学习汉语是由于人类所共有的思维能力和万事万物的意义，由于不同语言表征意义的语音、语词及其结构规律的不同，在习得和学习过程中导致不同的思维模式，"学习外国语就是养成一套特别的习惯"（赵元任，1980：156）。学习第二语言的习惯是在自觉学习后养成的，最后达到事物意义内化以及思维语言化，语感能力也就是在这个过程中形成的。正是基于这种语感是意义及其形式内化的理论，在教学方法上应该力求使学生由视觉记忆回溯到听觉记忆，并通过对词句的视、听、说和写在语言区联系的习惯化，使意义逐步形成以语音为形式的语言模块和结构，并且这种语言结构一旦在语言区里建立，就会抛弃其所依附的语音和语义，而以思维的纯意向性结构存在。这种结构以多样性和自由组合性对所有的词语开放，越来越多的语音携带着意义镶嵌在语言模块和结构中。在第二语言教学中，这种词语意义的内化和模块结构的建立发展对语感的培养起着关键性的意义。

首先，教授词语及其意义阶段。除了纯粹的教授发音方法、对比矫音以及发音规则以外，一般都要将词形、词音与词义结合起来，使学生在心理的记忆域中建立形、音、义的直接联系。我们可以采取以下由形象到抽象的方法以促进意义及其形式的内化，由视图画（或实物）到视词形、听词音，再到视词形、听词音、说词音，去掉图画和词形后只听词音、说词音，最后学生说词音、写词形。比如，第一步，拿出一个苹果实物或图画（视）；第二步，写出汉字"苹果"及其词音"píngguǒ"，教师示范，让学生听清词音（视和听）；第三步，让学生一边视字形，一边听老师的领读音，并叫学生把听到的声音读出来，教师帮助学生矫音（视、听和说）；第四步，熟练词音以后，擦掉拼音，记忆汉字，熟练字形以后，再擦掉汉字，教师领读以强化词音和词义的联系（听和说）。在记忆域上，这是从母语理解词义到汉语词语再到汉语词语及其词义链接的内化过程。在生理上，这是由视觉意义到"视听义音链"再到"听说义音链"的建立过程。

其次，教授词语链（包含词音链）及其意义链阶段。要坚持词语与词语链接规则和词义与词义的链接功能同时进行的原则。

第一步，学生在记住了"苹果"的字形和意义以后，在形式上，可以写下几个运用"苹果"一词的句子，如"我吃苹果""他买苹果""你有苹果吗"，通过对这些句子的读（音）、写（字形）、用（音与义），既可以在纵向上推动"苹果"义音的内化深度，又可以在横向上使"苹果"的义音固定在词语链的结构中。与此同时，汉语主—谓—宾的语序通过陈述句和疑问句的练习与学生母语的语序区别开来，有利于语法理论的讲解。

第二步，在意义链与相应语音链的建立上，使学生加强"苹果"与有关的常用动词的联系，如"吃、买、拿、洗、削、卖"等，以便学生在日常生活中实际使用"苹果"一词，"实际使用"是词语活化并促使意义链和语音链模式化、固定化的根本动力。

第三步，注意让学生从词扩展到词组甚至句子。例如，从"苹果"到"红苹果、甜苹果、好苹果、坏苹果，一斤苹果、两个苹果、三箱苹果"再到"昨天他买了一斤苹果""桌子上有两个苹果"的扩展。这样既有利于使学生在较大的语段中建立词组的意义链与语音链的联系或者再联系（因为词与词的组合有时会产生新的意义），又有利于将词语固定在已掌握的句式结构中，使学生在提取词语的同时，提取相关的句式。

最后，学生在心理上有一个由"实词链"到"实虚词链"的过渡，单纯的虚词链是不存在的，虚词的习得依靠其在实词链中的运用。例如，学生已经习惯了"你去北京、我去北京"的实词链以后，将虚词"也"加入句式中，组成"你去北京，我也去北京"的句式，使实词与虚词既在句音上组合起来，又在句义上扩大了意义链，虚词的意义得以领会。同时句义与句音的链接、内化要经过从视读听说、听说、纯说到模拟交际和实用交际中的提问、回答的整合转化过程。随着学生词汇量的扩大和实际使用的语词意义链在记忆域的内化、习惯化，第二语言就会在大脑语言区里争得一席之地，并且当一个个的单个词语在句子中顺嘴、顺耳、顺用以后，又加入语言区巩固在语言结构里，加强第二语言的生命力和创造力。一个人所掌握的词语越多，使用的句式越灵活多样，其语言能力越高，而且伴随着学生的思维被第二语言结构化、模式化程度的提高，母语对第二语言的影响会逐渐减少，第二语言的语感能力就会在听、说、读、写中表现出来。

第三节　结构句式的模式化原则

第二原则：依据语言可以使思维模式化的理论，坚持在语法结构和习用句式的教学中促进第二语言思维模式形成的原则。

人类思维认识事物的过程具有双向性。一方面，思维接纳代表事物名称和意义的词语并链接成词语链，表现了人类思维的能动性。另一方面，词语及其链接组合的方式也会将思维及其意向性固定化、模式化、钝化，这就是思维的语言化即思维模式化。思维的语言化有一个深层结构，语音及其组合的先后顺序是思维语言化的第一要素，记录语音及其排列顺序的语词是思维语言化的第二要素，而语音和语词所指向的意义则是内化在思维中的，离开意义的思维和离开思维的意义都是不可想象的。从逻辑的角度说，思维和意义是一个事物的两面，它们是先于语言而存在的。从语言的形成来讲，语音和语义是先于思维的，而后在习得和学习过程中将思维语言化并将其所负载的意义内化在思维中。第二语言语感的培养就是以语言对思维的这种能动性为理论依据的。

汉语语法和句式有自己的特点，在对外汉语教学中应注意突出汉语思维模式的特点，以便于留学生汉语思维模式的建立。

第一，汉语词组的独特性。比如，从"老师""书"到"老师的书"，对母语中有这种结构的留学生来说，这种名词作定语的偏正词组是比较容易接受的，但是当留学生听到"老师买的书"这句话并重复时，却经常出错，念为"老师的买书"。这种主谓结构作定语的词组，在词序和结构上与许多语言不同。在教学时，教师可以以这种结构的聚合来培养学生的语感理解和表达能力。可采用从"买的书、借的书""我买的书、老师借的书"到"昨天我在书店买的书""上次老师在图书馆借的书"的梯式演化教学，最后把这种词组放在交际性句子结构中进行练习，如"这是我买的书，那是老师借的书"。

第二，构成复句的连词和副词，留学生常常丢掉后边的副词。例如，在进行"只要……，就……"复句形式的听力训练时，留学生在重复听到的内容时常常丢掉"就"字，把"只要天气好，我就去旅行"跟读成"只要天气好，我去旅行"。一方面，从心理学上说，这跟人类感受的"两头清晰、中间模糊"的特点有关。另一方面，跟已经思维模式化了的陈述句式"我去旅行"有关，一旦将这一熟知的陈述句式纳入复句思维的新模式中，新的知识在已有的知识结构中就受到排斥，人的思维意向总是易于接受已被理解的熟悉的东西，而漠视新的尚未理解的东西。

第三，学生在心理上总是倾向于接受自己熟知的词组或句子而排斥生疏的词组或句子，一旦了解了学生已经知道的句式，可以预知学生在学习新的句式时会出现什么遗漏。例如，留学生一旦将汉语的基本句式主一谓一宾掌握并转化为一种汉语交际的思维模式后，对宾语提前的句子往往会把主语丢掉，而这种宾语提前的句子在汉语口语中是相当普遍的。留学生对"他看了一本书"这一主谓宾结构比较熟悉，当听到"这本书他看了吗？"并重复自己所听到的句子时，常常说"这本书看了吗"，这是已经内化了的主—谓—宾句式所蕴含的名—动心理结构对思维的模式化的结果。

第四，一种句型的已知定指信息和未知焦点信息往往可以通过句式结构表现出来，而人们在汉语口语里往往以宾语提前的句式、被动句式和"把"字句来先陈述已知定指信息然后再突出未知无定的焦点信息。这是汉语口语常用的定指词先行而无定词后置的思维意向。赵元任（1979：46）指出：汉语"有一种强烈的趋势，主语所指的事物是有定的，宾语所指的事物是无定的"。这里有定是指两种意思，一种是指："那辆自行车小王骑走了""这张桌子搬走了""老师的女儿被雨淋病了""这个本子你拿走了吗"等具称定指句式。另一种是指："哪儿他都不认识""每一个学生都会说汉语""一个人也没来"等泛称定指句式。有的甚至无法改变语序，像"我的录像带他都看过了""什么坏事他都干"。教师在教学中要注意培养留学生习惯运用这些体现汉语特点的句式，使他们在学习训练中将这些句式模式化，达到不自觉地运用这些句式的程度。

第五，汉语思维模式中有一种较强的前呼后应的框架结构，这种特点既能体现句子和语段的紧密性和完整性，使意义聚集在一起，又能突出强调点。例如，"他是坐飞机去的""是我的朋友拿走的那本书""连八岁小孩儿都知道应该给老人让座，你已经十八岁了""他一句汉语也不会说"等，教师可以通过句式变换、综合填空、设计会话和句式领读等方式引导学生养成使用这些句式的习惯。另外，教学生注意语篇中连贯词语的照应，如："一方面，……，另一方面，……""首先，……，其次，……"等。

第四节　文化传统的观念化原则

第三原则：在语用规则中教学文化传统的原则。语言所负载的文化传统是以观念的形式固定在使用该语言的民族心理中的，并最终以言语的形式表现出来。

对同样的问题，不同的民族有不同的回答方式。文化矛盾的碰撞在语言的学习中是最为激烈的，下面举几个例子，以为那些从事对外汉语教学的人提供借鉴。

第一，汉语对话中的正反词和正反语也能体现一定的文化特点。例如，当一个人问"你为什么生气"时，对方可能会说："我好容易买的书，被他弄丢了。"当一个人问"你怎么才回来"时，对方说："找了半天，好不容易（好容易）才找到了他，"这里"好容易"和"好不容易"都是表示"非常不容易"的意思，这是汉语以肯定词来表达反义，这种词很少，最多的是以"好 + 不 + 部分双音节形容词"的否定形式来表现肯定的意思，像"好不热闹、好不伤心"（吕叔湘，1999：258）。再如，当一个人夸奖别人时说："那个人说汉语说得真好。"另一个人表示赞同时常常说："可不是。"这是以否定的形式来肯定对方的观点，起强调作用。这种正反词和正反语的运用还属于语言学层面上的语义学范围，与母语的冲突并不十分强烈，在教学和生活中把它们转化成一种语感能力并不是很难。

第二，回答问题时的用语表现了汉族特有的交际文化观念。例如，当一个人夸奖对方时说："你的汉语学得真好！"一般中国人会说："哪儿啊！马马虎虎。"这一"哪儿啊"所体现的否定式回答是通过否定对方观点的形式来表现中国人传统的谦虚美德和不张扬、不逞强的文化心理。再如，当一个人表示感谢时说："我在中国学习给你添了不少麻烦，真过意不去。"而中国人会说："哪儿的话！还不是应该的吗？"否定的回答既可以使对方释去心理负担，又可以表现双方关系的密切。这种交际文化观念一般都比较容易理解和接受，属于文化心理层面，通过模拟情景和实际对话的训练较易掌握，但要转化为一种语言能力需要一定的时间。

第三，最为深层的文化差异表现在哲学层面上，文化哲学以思维模式的形式稳固地潜藏在言语行为的背后，不宜觉察，却支配着人们在一定的场合的用语方式。在正式场合中国人一般不说"我爱你！"

"你真性感!""你的两条腿很漂亮!"（盛炎，1996：77），这样的英语常用语。如果这样说，中国人会认为你不道德、不礼貌。之所以出现这种文化差异是与中国人的价值观、道德观、审美观以及哲学观等密切相关的，特别是体现哲学观的思维模式，它支配着说话时的基本立足点和方式。已经对一定语境的用语方式做了深入研究的功能语言学（张德禄，1998：6－9）认为："情景语境是一个由三个部分组成的概念框架：语场、基调和方式……情景语境制约着对意义系统的选择……受情景语境的三个组成部分的制约，语义层包括三个组成部分：概念意义、人际意义和谋篇意义。"功能语言学研究为我们开辟了广阔的语言学视野，不仅把语言所负载的语言层面的意义呈现出来，把主体心理层面的动机、目的、意向和情感揭露出来，而且为挖掘哲学层面的民族思维方式奠定了基础。一般来说，在表达情感感受的场合中国人的思维方式是迂回式的。当别人说："你这件衣服真漂亮!"时，主人往往想："是不是她喜欢这件衣服?"，所以汉语表达有着很深的"言外之意"，无论是言者还是听者都以委婉曲折的方式追寻语句的底蕴，培养语感应该以此为最高的指向。

【参考文献】

[1] 吕叔湘：《现代汉语八百词》，商务印书馆 1999 年版。

[2] 盛炎：《语言教学原理》，重庆出版社 1996 年版。

[3] 王建勤：《汉语作为第二语言的习得研究》，北京语言文化大学出版社 1997 年版。

[4] 张德禄：《功能文体学》，山东教育出版社 1998 年版。

[5] 赵元任：《语言问题》，商务印书馆 1980 年版。

[6] 赵元任：《汉语口语语法》，吕叔湘译，商务印书馆 1979 年版。

本章摘自《对外汉语教学初级阶段语感培养的原则》，与杨才英合作发表于《语言教学与研究》2002 年第 1 期，第 61—66 页。

第七章　语感训练的语气教学

　　语气教学是训练留学生汉语语感的核心内容。本章首先从宏观理论角度论述语气的本质内涵、运作机制、基本类型、体现形式及其对应强度，然后再从微观教学角度详细说明对外汉语语气教学的现状、形式和意义两个方面的基本内容、编排原则、教学策略，从而从语气教学方面为培养语感奠定基础。

第一节　语气范畴的逻辑界定

一　语气的本质界定

　　从人际交流的意义上看，语气是在话语完成交流功能中表现出来的。只是说者针对某一事件、某一困惑、某种心理状态或某种行为动机等心理指向产生某种要交流的心理意义，从而发出一系列物理声音或写下一段物质符号的时候，或者说，只有当说者在心理上即主观上赋予这些外在的声音或符号以自己打算与听者交流的内在意义时，外在的物理声音或物质符号才会真正成为处于交流中的语句，成为负载意义的话语，但是这是从话语的表达来说的。从听者的接受角度看，只有当听者理解了说者欲与自己交流的意义时，交流功能才得以完成。而听者在主观上不只是把说者看作一个发出声音的人，而且是在与自己说话的人、交流认知和情感以及行为的人，并感知到说者声音中所包含的心理意义，在一定程度上，说者与听者之间就有了一种基于声音或符号的共同的意义体验。这样，交流过程就涉及四个主要因素：

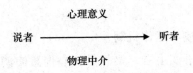

图 7—1　人际交流过程的四个要素

实际上，物理中介与心理意义是载体与信息的关系，说者就是在传送物理声音或符号的过程中传达意义的，而听者也是在感受物理媒介的过程中接收说者的意义的。

说者的心理意义可以从两个层面来认识：从客观上说，心理意义总是指向一定的事物、事件、心理意向或行为动机，而这些被指向的对象无论作为心理意义产生的原因或者结果，作为说者与听者之间交流的心理指向，都具有外在的客观性和内在的必然性；从主观上说，心理意义是说者基于一定的心理状态感知上述诸种心理指向时所产生的交流信息，因此，心理意义或多或少地总负载着心理状态的印痕，调解指导着说者对心理指向的主观倾向，形成心理意向。心理意向与心理指向的关键就像颜色和事物的关系一样，反映出说者在表述心理指向过程中的心理意向，这种心理意向就是说者的语气。

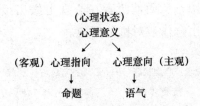

图 7—2　心理意义的指向与意向

可以说，心理意义作为交流信息是由心理指向与心理意向组成的。它具有两面性：指向的客观性和意向的主观性。而语气就是说者基于一定的心理状态在借助话语表述一定的心理指向的过程中表现出来的主观倾向性，即心理意向。

二 语气的形成与运作机制

从内在的心理事实上看，语气是在心理意向的调控下形成的，它是说者心理意向的话语化和功能化。心理意向（提供、索求、感受、意志行为）决定了语气的基本功能类别（表知、表情、表意），也决定了语气的选择和转换，并在赋予话语主观趋向的行为中调节语气方向，同时，心理意向的趋向受制于自身的心理状态。例如，一个人在生气的心理状态下，具有一种发泄趋向，导致他看什么都不顺眼，在话语表达中，心理意向就把这种取向自觉或不自觉地赋予话语行为，从而在语调、语速、遣词和选句等方面表现为较为直观的语气形式，使内在的心理意向和状态表现出来，并且心理状态强度也决定了语气的强度。

心理状态 → 心理意向 → 语气

图 7—3　基于心理的语气形成

从外在的交际事实看，语气是说者和听者共同体验的心理意义，尽管在交流前，交流者基于各自原有的心理状态不同会造成相互间语气感受的偏差，但是从交流者的关系看，说者的语气具有刺激并驱动听者心理状态的作用，从而使听者在心理上做出接受或排斥的选择，相应地在语气上作出合作或对抗的反应。

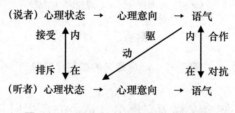

图 7—4　说者与听者语气互动关系

下面引用王小波在《人妖》里有一段师生对话来解释语气词的关系（王小波，1998：198 – 199）。背景是：杨、陈在孙担任班主任时经常与之作对，孙升为教导主任后，新任女教师上课时课堂秩序混乱，孙以为是杨、陈捣鬼，把他们叫到办公室，新老师站在一旁。

a1 孙主任："陈辉，杨素瑶！……你知道我为什么叫你来！"

b1 杨素瑶："知道，孙主任，因为我们两个复杂！"

a2 孙主任："哈哈！知道就好。小学生那么复杂干什么？你们在课堂里起什么好作用了吗？啊！！"

b2 杨素瑶："没有。"

c1 陈 辉："不过也没起什么坏作用。"

a3 孙主任："啊，说你们复杂就是复杂，在这里还一唱一和的哪……"

c2 陈 辉："没你复杂！"

a4 孙主任："什么，你说什么！说清楚点！！"

c3 陈 辉："没你复杂，拉着新老师上体育馆！"

a5 孙主任："呃！完啦，你这人完啦！你脑子盛的些什么？道德品质问题！……"

在 a1 中，对杨、陈印象不好的孙主任劈头以疑问语气质问他们，体现了其盛气凌人的领导角色和急于批评人的迫切心情，连"你们"也在急切中简化为"你"。在 b1 中，心态沉着表面上合作的杨素瑶话里有话地用"复杂"影射孙的"复杂"，间接地表达不满。在 a2 中，趾高气扬而心满意得的孙主任用深究语气继续质问；在 b2 中，杨素瑶继续用表面合作的语气回答。在 c1 中，这时，陈辉用辩白语气做了补充。在 a3 中，略有火气的孙主任以教训和讽刺的语气批评他们。在 c2 中，生气的陈辉用所指不明的反驳语气点燃了孙主任的火气。在 a4 中，非常恼火的孙气急败坏地深究陈的潜台词。在 c3 中，陈辉直接指明了其所影射的"复杂"内涵——孙主任的不良动机和不轨行为。在 a5 中，孙已在恼火中透出了无奈。

从总体上看，师生在心态上是排斥的，在语气上是对抗的，孙的心态由不满夹杂得意到恼羞成怒是由陈的辩白与反驳语气刺激而导致的，孙的语气也由质问发展到无奈。而杨、陈都不满，但杨是通过表面合作的委婉语气来表现消极对抗，而陈则通过直接的辩白与反驳语气来表现积极对抗。

可以说，心态是内在的原因，而语气则是外在的表现形式。语气还会刺激产生新的心态从而导致新的语气，外在的语气转换表现了内在的心理状态和意向的变化，语气间的合作或对抗直接或间接地反映了心理上的接受或排斥。

三 语气的心理意向类别

语气是人的心理状态的反映，而每个人的心理状态是内在并极其复杂的，但是受心理状态驱动的心理意向却是有限的，根据心理意向的趋向（提供、索求、感受、意志行为）可以划分语气的类别：表知（表述、表疑）、表情、表意，它们各自的典型体现形式分别是句子类别的陈述句、疑问句、行为句（以言行事）、祈使句和感叹句对应，如心理意向、语气类别与句子类别对应表：

表 7—1　　　　心理意向、语气类别与句子类别对应

心理意向	语气类别		句子类别
供求认知信息	表知	表述	陈述句
		表疑	疑问句
表达行为信息	表意		行为句
			祈使句
表达情感信息	表情		感叹句

首先，语气的这种分类完全是依据说者的心理意向来分的，而这种意向的性质应该通过一个语境下的话语来鉴别，因此语气属于语用范畴而非语法范畴，语气的研究视野应该从偏于形式标记的语音—词汇—语法层面转到偏于心理的语用—认知—语义层面。以前学者们的研究往往把语气作为语法范畴，把句子作为基本的语气功能单位，根据语调、语气词、语气副词等的类别给语气分类，而难以把没有形式

标记的句子归入语气类别，缺乏语气的系统性，有的把语气类别与句子类别混在一起；同时，对体现语气的词类诸如：语气词、叹词、语气副词等的研究往往借助于一定的话语语境，要么在确定了某词的语气意义之后，就把话语语境这一前提忘了，要么根据具体语境把某词分成非常细致的语气意义，缺乏概括性和普遍性。因此，我们必须加强话语结构模式和心理模式的认知研究。

其次，三种语气类别的性质是不同的，表知与表意是独立型，而表情则为附着型。表知是说者提供或索求有关事件的信息，以满足他人或自身求知的要求；表意是说者借助话语传达自己或对方当下或将来的行为信息，以达到以言行事的目的；表情是说者表达自己的心理感受，但是心理感受往往是在表知或表意中附带着表达出来的，所以尽管它可以作为一个独立的语气类别，但多数情况下它夹杂在表知或表意语气里，在表现表知或表意的心理意向的同时，表达主观的心理感受。而表知和表意是两个完全独立的语气类别，没有融合现象。下表7—2为语气包含的具体类别与例句：

表7—2　　　　　　　　　　　　语气类别分类

语气类别			例句
表知	供知表述	情感标记	他果真走了。供知：他走了。情：意料。
		无标记	他一个人骑车去了商店。
	求知表疑	情感标记	你是老师吧？求知：是否老师。情：揣测。
		无标记	你找到工作了吗？
表意	自指行为	情感标记	我欣然接受您的建议。行为：接受建议。情：高兴。
		无标记	我答应你的要求。
	对指行为	情感标记	你能把文件拿过来吗？行为：你拿文件。情：商量。
		无标记	你把文件拿过来。
表情	自指感受	无标记	我要急死啦！

四　语气的体现层面

心理状态是内在的，而在交流中受一定心理状态和意向驱使形成的外在语气都要通过一定的话语形式来表现，以前的学者对语气表现心理状态的方式做了细致的研究，提出了很多有价值的观点，主要包括语音、词汇、句法和语用四个层面。

首先，语音层面。

语调、重音和语速是语气表现心理的主要手段。正如劲松（1992：113）所言："语调是出现在句子末一节奏单位中重读音节上的音高变化……重音是一种以音长为主，音高和音强为辅的复合韵律特征。重音是语调表示不同语气的配合手段。"语速是单位时间内说出词语的数量，可分为常速、快速和慢速，这些都是说者内心活动的反映。说者根据自身心理状态的变化，运用语速和重音以表现不同的心理焦点，由于心理状态的复杂性和波动性，使语速、重音与句式之间没有固定的对应关系。在一般情况下，语调与语气之间则表现出一定的规律性。如表7—3：

表7—3 　　　　　　　　　　**语气与语调的对应关系**

语气类别	语调类型
表述	平降调
表疑	平升调
表意	重降调
表情	重降调

在口语交际中，由于受语境和复杂多变的心理状态等的影响，语调也会随之发生转变，表现出高升调、低升调、曲调等，表达复杂的知、情、意。

其次，词汇层面。

语气助词、叹词、语气副词、助动词和代词是词汇层面体现语气的重要手段。

一是语气助词。语气助词是在词汇层面表现语气的典型方式，包括句末和句中两类。常见的句末语气助词，有的表述，如：了、的、啦、嘛；有的表疑，如：吗、呢；有的表意，如：吧、呀；还有的表情，如：啊、哇。而表示缓和语气的句中语气助词主要有：啊、吧、呢、呀、哩等（方梅，1994）。

二是叹词。叹词是心理意向的直接体现，不能与其他词语组合成词或短语，前后有语音停顿，总是独立地在一定的语境下表现复杂的语气意义，如：唉、哎、哦、嚯、哟、嘻、哼、啊、哈、啧、咳、嗨等。在稳定的语境里体现较为固定的语气的叹词，有的表述，如：嗯、噢；有的表疑，如：咦；有的表意，如：嘘；还有的表情，如：嘀、哇塞。许多叹词通过语调、语速等与语境配合表现出不同的语气类别和心理状态。

三是语气副词。语气副词是细致地表现复杂心理的重要手段，它可以使语气类别呈现不同的强度序列。表述的如：大概、非得、好像；表疑的如：究竟、难道、何尝；表意的如：务必、千万、万万；表情的如：意愿类——情愿、宁可、死活；诧异类——居然、竟然、反倒；料悟类——果然、原来、怪不得；庆幸类——幸好、幸亏、恰好；无奈类——简直、好歹、不得不、索性；伤感类——徒自、独自。

四是助动词。表现语气的助动词主要有：能愿类：愿意、想；能力类：能、会；允许类：可以、能够；必要类：应该、要、必须（齐沪扬，2002）。

五是代词。主要是指示代词（"这么"与"那么"表强调语气）和疑问代词（"怎么"与"怎么样"表询问语气）。

再次，句法层面。

在句法层面表现语气的手段主要有固定句式、倒装、惯用语气短语、重叠、插入语等。

一是固定句式。如："你看你……亏 sb 还 V 呢、V/adj 什么、V 什么 V"多表示否定和气愤语气；"不怎么 adj"多表示委婉语气（徐晶凝，2000）；"是……的、连……都/也"表示强调语气；还有一般否定句、双重否定句、反问句等。二是倒装手段。倒装是强调被倒装的部分，如："山上满是茶树，郁郁葱葱的"后置定语就是语气重心。三是惯用语气短语，常见的如："真是的、怎么搞的、算了、可不是、就是";四是重叠。如:"你说说……"表委婉语气;"你、你、你、你……"表激动与生气。五是插入语。如:"不用说、你想、特别是、你说"等。

最后,语用层面。

语气在语音、词汇和句法层面的表现是以前学者们研究的重点,而且词汇层面多集中在虚词上。其实,制约语气选择的层面主要是语用,说者可以根据不同的语境和心理意向选择相应的语气表现形式,语气的形式不仅有以上方面,而且动词、名词、形容词、否定副词、连词等都可以表现语气,动词如:"你走"与"你滚"前轻后重;名词如:老大爷、老头、老家伙、老不死的等表现的语气越来越不礼貌;形容词如:"衣服很干净"与"衣服很脏"前喜欢后厌恶;否定副词如"别、勿"常表否定语气;连词如:"即使……也……"表假设让步语气;此外,语气与极性、体态、时态、情态、语态等语法范畴也密切相关,如表述和表疑可以运用各种时态和主动、被动语态,而表情、表意常用现在时、将来时和主动语态。

可以说,凡与话语表达有关的因素就与表现语气有关,话语的语气就像事物的颜色一样,分布到各个层面,尽管有明暗深浅的不同,因此,体现复杂心理意向的语气系统是不能单靠几类词就能系统地表现出来的。语气只有放在一定的语境里才能得到具体的说明,单个句子的语气必须和前后的句子结合起来才能得到解释,很多学者就把语气和口气归到语用范畴,如范晓(1996:13)认为:"传统语法学主要讲句法,有时也讲一点语义(如施事、受事等),有时也讲一点语用(如陈述、插说、语气、口气等)",邵敬敏(2000:83)在界定语用因素时也提出:"语气与口气……上下文的制约与照应、省略与空位等都是同句法结构体密切相关的语用因素。我们要研究它们的语用形式及其对应的语用意义。"作为语用范畴的语气和口气,它们没有一种固定的外在表现形式。口气作为表现语气的程度类别,可以分成强、中、弱三个等级,而且命题的极性和值域与口气的强度呈现一定的对应性。

在语用上,影响语气选择的因素非常复杂,宏观上,有民族、文化、时代、知识背景等因素；微观上，有交际者的社会地位、立场、观念、性格、心理等因素。

一是用词和角度对语气的影响。

命题相同，但词的色彩和提问的角度不同，也表现出不同的语气强度如（1）。

（1）a. 你们什么时候走上红地毯啊？

　　　b. 我们什么时候喝你们的喜酒啊？

　　　c. 你们什么时候结婚啊？

三句的命题都是指向对方结婚时间，（1a）用"走上红地毯"代表结婚，角度是当事人的行为时间，口气委婉。（1b）用"喝喜酒"代表结婚，角度是提问者的行为时间，口气爽快。（1c）直接提出问题，口气更加直接。心理指向相同而心理意向强弱有些差异。

二是行为的利害关系对语气的影响。

一般来说，对对方有益的行为、对方的错误行为、对自己丢脸的或对大家不利的行为，用强烈语气（张德禄，1990：63 - 75），如（2）；对自己有益的行为、自己的错误行为、对对方有害的行为，语气委婉，如（3）。

（2）a. 看把你冻得，快进来！

　　　b. 怎么搞得？你！满地是水。

　　　c. 看什么看？没见过打架的？

　　　d. 别抽烟啦！大家快让你呛死了！

（3）a. 谢谢您，没有您的帮助，我不知道什么时候才能完成这项设计。

　　　b. 对不起，是我把钥匙弄丢的。

　　　c. 我们对因施工给大家造成的不便表示道歉。

三是社会角色对语气的影响。

一般来说，地位高的人语气较强，如（4a）；而地位低的人语气较弱，如（4b）。

（4）a. 小张，把文件打出来，放在我的桌子上。

　　　b. 王经理，您看这样写可以吗？

四是听者的反馈语气反映并影响说者语气。

语气在反映心理的过程中，并不是清晰的，有其模糊性。因此，在交流中，说者的语气必须从听者的反馈语气来认识，反过来，听者的语气也会影响说者下一步的语气（在语气的运作机制里已经谈到了这一点），但是，两者的语气感往往出现偏差，有时需要多次的交流才能把握说者的真正心理意向。例如：

（5）a. 你不觉得屋里很热吗？

b1. 对，是有点儿热，你可以把窗户打开！

b2. 夏天嘛！当然热。

b3. 就你毛病多！大家都不怕热，就你怕热！

从形式说，（5a）是通过表疑的语气提出问题，但是说者具体是什么心理意向？单从这句话是看不出来的。而 b 的三种回答却反映了其依据自身的心理状态对（5a）心理意向的不同感受，b1 体现了（5a）的表意语气——打开窗户吧；b2 体现了（5a）的表知语气——夏天很热；b3 体现了（5a）的表情语气——我很热。这样只有（5a）自己知道哪种回答符合自己的心理意向，这种偏差就需要进一步的话语解释。反过来，b 的回答语气同样是基于自己的心理意向。从这里可以看出，听者应该从客观性与主观性两个层面把握说者的心理意义，特别是主观倾向性即语气，对领悟说者的认知、情感和行为动机都极为重要。当然，从说者自身的主观倾向性来讲，说者的语气可能是单一的、明晰的；但是一旦说者说出某种话语，话语就像一面多棱镜，对不同的心态的听者来说，折射出不同的语气意义，这就是"说者无心，听者有意"的道理。

五　从极性看语气的强度与命题确定性的对应曲线

首先，语气、口气与命题的关系。

话语的心理意义包括心理指向的命题和心理意向的语气两个层面。一方面，因为语气反映了人的主观性，主观性不仅有向度，而且还有程度。向度上，语气的四个类别：表述、表疑、表意和表情；程度上，语气的四个类别分别对应：确信度、信疑度、强制度和好恶度。另一方面，命题反映了话语的客观性，从极性看，反映不同客观程度的命题可以分成正极和负极。那么，语气的程度与命题的程度之间就存在着一定的对应关系，按照命题的正极与负极划分各种语气类别的两极，如下表7—4：

表7—4　　　　　　　　　**语气程度与命题极性的对应关系**

心理意向	心理指向	主观程度	命题	
			正极	负极
语气	表述	确信度	肯定	否定
	表疑	信疑度	信度	疑度
	表意	强制度	命令	禁止
	表情	好恶度	喜欢	厌恶

语气的强度可以用语气的程度范畴——口气来表示，口气的强度分成强、中、弱三个等级，而就一般规律来看，语气各个类别的两极在口气强度上都属于强等级。两极的中间值域在口气强度上可划分为＋中（偏正极）、弱、－中（偏负极），如下图：

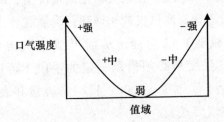

极性值域	正极	负极
表述语气	肯定………………否定	
表疑语气	信度………………疑度	
表意语气	命令………………禁止	
表情语气	喜欢………………厌恶	

图7—5　口气强度与极性、值域对应曲线

其次，语气各个类别口气强度的表现方式。

在表述语气上，肯定性强的命题口气一般也强；随着肯定性程度的下降，口气强度也降低；在"口气弱"的等级上，肯定性程度与否定性程度基本上是各占 50%，有时偏于肯定性的为 +50%，有时偏于否定性的为 –50%；随着否定性程度进一步上升，口气也随之加强：当否定性程度得到强调时，语气为 – 强。可以说命题的肯定性与否定性就命题本身来说是成反比的，但是在语气上是对等的，只不过一个为肯定，一个为否定，而且命题的确定性程度与口气强度在两极中间都是连续性递减的，各等级是逐渐过渡而缺乏分明的界限。表疑、表意和表情的口气强度特点都是两极强，渐次减弱，在不正不负中最弱。可以说，命题的极性与值域同口气强度的关系，表现了人类认知上的特点。

除了表疑语气外，口气在两极上的强度都是无标记的（但必须有语音标志），因为真正的肯定或否定、命令或禁止、喜欢或厌恶是不需要借助附加成分（副词、语气词、助词、叹词、特殊句式等）来表现的。方梅（1994：136）曾提到"说话人在强调事情严重而且态度强硬的时候，倾向于不用语气词"，因为声调、重音和语速完全可以打破句子的标记性和结构性而表达最强的口气，成为口气强的标志；另外，就一般情况来说，在意义自足的情况下，话语越短，越易于加快语速，加重语音，使口气趋于增强；附加成分往往有使口气程度量化（加强或减弱）的功能，从而形成口气等级的"中"和"弱"；表疑语气的强度是必须借助一定的手段才可以表达疑问的。下面是表述、表疑（邵敬敏，2000：172）、表意和表情四种语气的强度、类型及其体现形式表。

表 7—5　　　　　**表述语气的强度、类型及其体现形式**

序号	语气强度	表述类型	体现形式
1	+ 强	[肯定]	无标记
2	+ 中	[肯定]	带附加成分，永远、极其、最、一律、唯独、总是、一定、到底、嘛、呢、是……的、连……都/也……、不用说、特别是……、不能不、非、绝对等

续表

序号	语气强度	表述类型	体现形式
3	0 弱	[中间]	最少、常常、最好、未免、也许、可能、大概不、我想、我认为、看样子、最多、有点儿、罢了、不会不、稍微、比较、毕竟、势必、约莫、似乎等
4	- 中	[否定]	带附加成分，一律、从来不、再也不、丝毫不、根本不/没、一点儿……也/都不、一 V 不 V、不可能、V 不 C、不是……的、绝不、万万、压根儿等
5	- 强	[否定]	无标记，只有"没、没有、不"等否定成分

表 7—6　　　　　**表疑语气的强度、类型及其体现形式**

序号	语气强度	表疑类型	体现形式
1	+ 强	[肯定的反诘疑问句]	难道…不/没…吗
2	+ 中	["吧"字是非问]	吧、一定等
3	0 弱	[正反问]　[选择问]	V 不 V、是不是、……还是……、哪里哪里、可不是吗、是吗等
4	- 中	["吗"字是非问]	吗
5	- 强	[特指问]　[否定的反诘疑问句]	谁让……呢、谁、哪儿、凭什么……

表 7—7　　　　　**表意语气的强度、类型及其体现形式**

序号	语气强度	表意类型	体现形式
1	+ 强	[命令]	无标记，无主语、无语气词
2	+ 中	[催促]　[任命]　[宣告]　[发誓]　[承诺]　[保证]	千万、必须、一定、务必等
3	0 弱	[请求]　[商议]　[许可]　[祝愿]　[提醒]　[号召]　[意愿]　[建议]　[欢迎]　[道歉]	啊、呀、请、可以、能等
4	- 中	[劝阻]　[警告]　[威胁]	千万、不可以、不能、嘘、切等
5	- 强	[禁止]	无标记，只有"别、不、勿"等否定成分

111

表7—8　　　　　　　**表情语气的强度、类型及其体现形式**

序号	语气强度	表情类型	体现形式
1	+ 强	〔喜欢〕	无标记
2	+ 中	〔喜欢〕	带修饰成分，极了、死了、透了、太……了等
3	0 弱	〔中间〕	可、非常、很、有点儿、有点儿不、哎、多么、啊等
4	− 中	〔厌恶〕	带附加成分，极不、最不等
5	− 强	〔厌恶〕	无标记，只有"不、没"等否定成分

总之，语音层面的语调、语速和重音是语气的典型表现形式，是口气的无标记形式。只有从语用层面，加强对语气和口气的认知心理研究，才有可能系统地揭示语气的本质及其表现层次间的关系。

第二节　语感培养的语气教学

在对外汉语教学界，语气教学是一个尚未引起足够重视的领域，而理解运用语气的能力不仅是留学生语感能力的直接表现，而且也是留学生对汉语语言及其文化内涵认同程度的表现。从目前的对外汉语教学看，汉语教材对语气训练内容的编排没有整体的系统性、阶段性和连贯性，主要附着在语法项目上提到一点儿语气问题，缺乏目的性和明晰的注释说明；在教学活动中，教师往往对遇到的语气问题给予简单的讲解，训练方法也仅凭留学生自己对语言的感知，很少从语音层面给予说明；在理论上，还没有从认知心理角度突出语气在言语行为中的人际功能。因此，如何借鉴有关语气理论，系统地安排对外语气教学的训练项目，提高学生的语气理解运用能力是一个亟待解决的问题。

一　语气教学的重要意义

首先是初级阶段的语音问题。

在对外汉语教学初级阶段，在语音上的教学重点主要是声母、韵母和声调。例如，在声母上，难点各国学生不同，韩国学生是"f、z、zh、c、ch"，泰国学生是"j、x、z"，日本和欧美学生是"d、t"等；在韵母上，很多国家的学生难点是"ü、üe、üan、ün"等；在声调上，阳平和上声是普遍的难点；在词语上，韩国学生对"lǔxíng（旅行）、měiguó（美国）、qǐchuáng（起床）、zhěngqí（整齐）"等前上后阳的词语发音的时候，存在一个很普遍的规律，就是都把前面的上声字读成阴平，特别是当这种词语在一个语音流里发出时，这种现象更为常见；其主要原因是学生没有真正掌握上声的调值及韩国语中没有类似的音节搭配。所以零起点的留学生在学习汉语的两三个月内，语音教学的重点主要是放在单纯地纠正声、韵、调的准确性和它们之间的协调性上，词语的声调应该放在一个语音流里来训练，以增强学生听与说的语音感，为培养学生的语感打下基础。可以说，初级阶段的语音教学把发音的物理属性即客观性作为发音错误或不准确的主要原因。

其次是中高级阶段的语气问题。

随着留学生汉语水平的提高，尽管学生能正确地发出单个词语的声、韵、调和较短的语句，但是在考察一个具有完整意义的语音流时，总觉得整个语音流的语调以及其中的某些词语的声调或多或少存在着问题，甚至有时候会影响正常的交流。那么造成这种"别扭感"的原因是什么呢？

一方面，从客观性上看，主要有两点：其一是母语的影响，即是由学生母语的发音部位和方法与汉语存在的差异造成的，既然学生能具备发准单个字词声、韵、调的能力，那么这方面的原因就不至于导致"别扭感"；其二是前后语音的影响，在较长的语音流中，由于前后音节衔接时的互相冲击以及对某个字词本身发音的不熟练，而他们的母语语音又没有类似的语音搭配，就会造成音变，对学生自己来说，可能有些"拗口"。但通过多次的教师领读和学生跟读，这方面的困难也可以克服。可以说，到了一定的阶段，这些客观因素都不是造成学生发音"走样儿"的本质原因。

另一方面，从主观上说，主要也有两点：其一是文化原因。为了达到一定的交际目的，每一种语言都有一套适用于一定的交际场合的、具有一定交际功能的话语。学生在运用汉语进行交际时，往往没有汉语的文化背景，而是运用母语的文化规则来选择具有一定语义的汉语词语，从而造成与汉语文化传统的冲突，引起"别扭感"或"不得体"。一般来说，通过文化讲解和文化接触，这一点也会很快得到解决。其二是语气原因，这方面的原因是深刻而复杂的。语气主要是通过语调来直接体现的，而语气是说话者基于一定的心理状态在借助话语表述一定的心理指向的过程中所表现出来的主观倾向性，即心理意向（赵春利、杨才英，2002：131）。语气既有与文化一样的固定性，又有临时交际场合的暂时性。从表现形式上看，体现语气的因素除了语音、虚词、句法格式等手段外，还包括各种实词，并与语态、体态、时态、极性、情态等语法范畴相关，几乎所有与话语表达有关的因素都能体现语气，话语的语气是诸要素多层次立体表现的结果。如果把语气的形式体现分成语音、词汇、语法和语用4个层面的话，那么，作为形式要素的每个层面共同体现语气所包含的心理状态和意图，即表述、表疑、表情、表意。也就是说，表情语气不是单纯靠语音来表现，还包括词汇、语法和语用等要素。所以说，要掌握语气，不仅要理解语气的意义，还要掌握体现语气的形式要素。

留学生运用汉语交际的时候，他们往往特别关注语义的正确和发音的准确，无意识地借助母语语气的语调来驾驭或肢解汉语的语音流，引起句中个别字词声、韵、调的音变，也造成整体语调的母语化，即南腔北调。这种基于语气差异而导致的母语语调与汉语语调的不协调，是造成中高级学生汉语语调"别扭感"的主要原因。这就涉及对外汉语语气教学问题。

我们可以通过了解学生的体现语气的母语语调类型，以及用了表达那种语气的语调以后，来对症下药地矫正其语调。例如，为了达到一定的交际目的，不同的语言使用不同的语气，同样坐出租汽车，英语常用"Could you send me to..."的表疑语气的升调来表达表意的要求，而汉语却很少用"请您把我送到……，好吗？"或"您能把我送到……吗？"，而是用类似命令的祈使语气"去……"，英美学生觉得汉语表意语气有点儿生硬并带着生气的味儿，很不舒服，所以他们常用升调说"去饭店"。但是就目前的研究状况看，完全搞清楚不同母语与汉语语气的差别，还有很多困难，达到这种解决办法的条件尚未成熟。

但是，我们也可以从汉语语气的角度来正面引导，让学生掌握汉语表现不同心理的语气类型及其表现方式，了解汉语交际者的心理状态和交际动机，提高他们通过语气理解说话者的心理状态以及借助语气恰当地表现自己的心理需求的能力，以解决学生话语的不得体问题，提高学生的语感能力。因为语气能深刻地体现言语者的内在心理状态和欲求，只有借助语气的表现形式掌握了语气所体现的心理意向，才能既准确而快捷地把握对方的情感和意图，又有效得体地传达自己的心理欲求。从交际过程说，掌握汉语语气有两个标准：从表达说，能根据自己的心理意向或状态恰当运用表达汉语语气的语调；从理解说，能根据语调体现的语气了解说话者的动机或目的。

（表达过程）心理状态→语气→话语语调

（理解过程）话语语调→语气→心理状态

学生理解和运用语气能力的高低是其语感能力高低的重要标志，语气教学在提高学生言语交际能力方面是至关重要的。

二　语气教学内容涉及的方面

一般来说，对外汉语教学的线索是，在初级阶段，声、韵、调是教学重点；随着学生汉语水平的提高，语法成为教学重点；接着的教学重点是词法。教材编写和听、说、读、写能力的训练也基本上是围绕这条线索来安排的，只是在遇到有关语气的内容时，教师顺便简单地解释一下儿，还没有成为一项独立的教学内容。语气教学的内容应该体现为形式和意义两个层面。

首先，语气教学在体现形式上所包含的层面。

一是在语音层面，语调是基本的教学重点，它是体现语气的基本手段。一般的语言都要借助语调来表现语气，从而达到表达语气所反映的心理状态的目的。汉语的语气主要有4类：表述、表疑、表意和表情。一般来说，表述语气用平降调，表疑语气用平升调，表意和表情语气都用重降调，语调还会因复杂心理状态的变动而表现出高升调、低升调、曲调等。另外，语速、停顿、拖音和重音等也是语气的教学内容。例如，语速快慢与心理的紧张放松有着直接的关系。

表7—9　　　　　　　　　**语气类别与语调类型对应关系**

语气类别（语气意义）	语调类型（语音形式）
表述	平降调
表疑	平升调
表意	重降调
表情	重降调

二是在词汇层面，可以说几乎所有虚词和实词都能表现语气。（1）句末和句中语气助词，如了、的、吗、呢、吧等；（2）叹词，如哎、嚯、哟、哦、噢、嗨、嘘、咦等；（3）语气副词，如居然、宁死、果然、幸好、好歹、索性、难道、千万等；（4）连词，如即使……也……、又……又……、但是等；（5）量词，如个——位、番——通等（邵敬敏，2000：58）；（6）助动词，如愿意、能、应该、必须等；（7）代词，如这么、怎么、您、你等；（8）动词，如呵护——溺爱、走——滚等；（9）名词，如教师——教书匠、官员——官僚等；（10）形容词，如黑油油——黑乎乎、兴高采烈——得意忘形等。

三是在句法层面，能表现语气的有：（1）固定句式，如 V 什么 V、一……都/也……等；（2）语气短语，如怎么搞的、算了算了、真是的等；（3）插入语，如这还用说、你知道、甭提了、别提多 + adj/V + 了等；（4）倒装，如怎么了？你！此外，语气还与语态、极性、体态等密切相关。

四是在语用层面，交际者的民族文化、宗教信仰、知识水平、时代背景、社会地位、价值观念、性格、心理等都会影响语气的选择，体现话语的语气特点。另外，话语涉及的行为内容与交际者的利害关系也影响着语气。

其次，语气教学在意义上所包含的内容。

在意义上，应该按照汉语的语气类别（表述、表疑、表意和表情）来由浅入深、由粗到细地编排，逐步展现汉语语气所蕴含的汉民族委婉细腻的内心世界。形式的因素最终都要落实到意义上。如果说，形式依靠机械性的模仿是比较容易掌握的，那么，语气的心理意义则必须借助心理体验（或者说移情）才能切身地感受到语气的本质，而且只有真真切切地感受并理解了语气形式所蕴含的心理意义，语气的形式才真正是语气的形式，学生也才能根据自己的心理状态和情感恰当地运用语气形式来表达，反过来，学生也可以根据对话者使用的语气形式来领悟对方的心理需求和情感强度。

一是表述语气，如或然（可能、会、也许、恐怕、像、似乎、好像）；必然（一定、必然、必定、定然、非、准、想必、了）；加重（可、切、的确、确实、是、的、就、正、才、简直、分明、明明、万、并、压根儿、连）；夸张（呢、多么）；委婉（势必、罢、或许）；表明（的、显然）；能力（能、可以、会）；推断（当然、甚至、乃至）等。

二是表疑语气，如询问（吗）；反诘（何必、何尝、岂、难道、究竟）；商量（好吗？怎么样？）；反驳（哪能呢？）；责备（怎么）；揣测（恐怕、吧、莫非）；困惑（怎么回事呢？）等。

三是表意语气，如允许（能、能够、可以）；必要（应该、应、要、必须、一定、务必）；催促（呀、哇）；规劝（别、不妨、还是、切、可、千万、万万）；请求（请）；告诫、嘱咐（千万）；保证；威胁；命令；禁止（不可、别）；任命；辞职；建议；欢迎；祝贺；道歉等。

四是表情语气，如意愿（肯、愿意、想、宁、宁可、偏偏、非得）；诧异（居然、竟然、反倒、竟、啊、咦、偏）；料定（果然、果真）；领悟（原来、敢情、本来、怪不得、难怪、噢）；庆幸（亏得、多亏、幸好、好在、幸亏）；无奈（索性、干脆、反正、算了、好歹、就、只好、只得、不得不）；感叹（啊、呀）；不平（么）；遗憾（嗨、白）；执拗（偏、偏偏）；不满（你看你……、亏 SB 还 V 呢）；伤感（徒自、独自）等。

总之，语气涉及的因素包括与话语有关的方方面面，庞杂而缺乏系统，可能这也是教材编写与实际教学没有突出语气教学的重要原因。

三 语气教学内容安排的原则

尽管目前学术界对语气系统的研究尚未达到较为一致的共识，但这不应该成为不重视语气教学的理由；相反，学术界应该加强对语气系统的研究，提高语气研究与教学的理论水平；在实际的语气教学中积累经验，边教边确定语气教学的内容，摸索出一条适合对外汉语语气教学的路子。那么，就目前对语气的研究水平来看，可以突出语气教学的以下五个原则。

第一，强化语气的有标记性特征。

由于语气标记对留学生来说是易于掌握和理解的，因此有必要及时总结表现语气的外在标志，揭示语气表现的内在心理特点。特别是语调、语气助词、叹词和语气副词等。比如说，叹词是心理情感的直接体现，某一叹词经常与固定的语境结合起来，表现较为稳定的心理状态的语气意义。如下：

咦（yí）　　因不明白或好奇而惊奇、诧异；

哦（ò）　　领悟、明白；

哼（hng）　　不满意、不服气、不相信；

呸（pēi）　　斥责、反对。

所以说，语气的标记性在教材编写和实际教学中应该突出出来，以便学生掌握并在实际的交际中灵活运用。

第二，突出语气表现的立体性。

从语音、词汇到句法、语用等，都有表现语气的因素，它们有时互相穿插，有时互相补充，有时某因素突出，呈现多视角、多维度的特征。例如，吗——疑问语气，其所在的句子语调应该是平升调，语调与语气助词二者重叠。对外汉语的教材编写应该有意识地表现汉语语气的丰富性，有的教材只注意到了对语气助词的解释，就是常见的吗、呢、吧、啊等，而忽略了很多的语气副词、叹词、特殊句式以及语气短语等的编排或注释，使学生觉得所学的汉语与真实的生活差别很大，所学无用。应该立体式地展现活的汉语语言，打破语言教学思想中依据语法系统的科学精神所造成的模式化和技术化，让学生在一个自由的环境中表达自己真实的感受。从留学生日常的说写材料中可以看到毫无感情的套话、空话的影响，他们很少运用叹词、语气短语以及修饰性的语气副词，甚至也不理解某些语气短语的意思，如："这不是吗?""哪能呢?""怎么能这样呢?"等，在 HSK 听力测试中，当问到学生说话者的语气时，很多学生就把握不了。因此，在初级汉语教材中就应该增加体现说话者语气的内容，不仅重视教学内容的交际性，更要突出交际的心理性、文化性。

第三，语气内容编排的阶段性。

语气是说话者心理的直接体现，正常人心理状态的类型可以说是一样的，各国之间没有什么本质的差异；而学习汉语的学生大部分是成年人，心智健全，心理健康，能完全理解汉语语气表现的心理特征。但由于受所学词汇和语法的限制，使得很多表现复杂心理的语气不能编排到教材中去。我们可以按照从易到难、从简单到复杂的顺序循序渐进地分阶段编排语气教学。例如：一定——千万——非得——非……不可；以前——原来——本来——从来；只好——只得——不得不；生气——愤怒——发疯。

第四，编排语气的情境化原则。

这一原则是指在语篇和对话中编排语气项目，它不仅有利于学生根据语境揣测理解语气表现的心理状态，而且也有利于教师的讲解。因为不同的文体在遣词造句、结构修辞、情绪舒缓、态度强弱等方面，体现不同的语言风格，语篇把交际者的文化传统、行为信息、心理状态等都提供给学生，给他们一个全方位的生活片段，便于学生选择其中的任何一个角色，模拟语气进行交际。

第五，语气内容的重复性和对比性原则。

一方面，在不同的阶段和单元上，语气训练项目要保持一定的重复率，便于学生的模仿和复习，形成较为清晰的语气意识；另一方面，还要强化相近语气意义之间的对比性，有意识地编排一些语气性质相近，但强度不同的语言训练片段，特别是对话，学生通过理解、体验和模仿，感受语气所蕴含的心理状态的强度。另外，对那些表现语气较为复杂的疑问词和语气助词，应该加强研究，按照不同的语气义项系统地进行编排，并注意辨析各语气间的异同。

四　语气教学的主要策略

为了通过语气教学提高留学生的语感能力，应该注意以下四个教学策略。

首先，突出语气人际意义的策略。在对话中，语气可以清楚地反映对话者之间的人际关系。

一是陌生人之间的关系。如果是有求于或有害于对方，一般用客气语气，如（6）、（7）、（8），有害于自己的一般用斥责语气，如（9）。对于老人，一般尊老爱幼的传统也使语气委婉，如（10），对于有害于社会的罪犯或行为，一般运用强硬或训斥语气，如（11）、（12）。

（6）a. 请问，王老师是住在这里吧？

　　b. 请进，请进，我就是。——互相不认识的师生对话。

（7）a. 请问，留学生食堂在哪里？

　　b. 就在宿舍楼的西边。——两个不认识的学生谈话。

（8）a. 对不起，我把你的衣服溅湿了。

　　b. 没关系，你也不是故意的。——马路上的两个陌生人对话。

（9）a. 哎！你的脚往哪儿踩啊？

　　b. 对不起，我急着上车，所以……——两个陌生人在挤车。

（10）a. 大娘，您是从外地来的吧？您要去哪里啊？

　　b. 我是到北京来看儿子的。——这是警察与迷路大娘的对话。

（11）a. 姓名！年龄！

　　b. 李涛，二十七岁。——审判官与罪犯对话。

（12）a. 你是李阳吗？

　　　b. 是。我就是李阳。——警察与嫌疑人的对话。

二是关系越亲密或上级与下级的差别越大，语气越趋于直接。前者如（13）、（14），后者如（15）。

（13）a. 刚才和你一起在街上走的女孩子是谁？

　　　b. 是我的同学。——这是母子对话。

（14）a. 妈，您怎么还收拾呢？我爸都该走了！

　　　b. 我早就收拾好了，你妈非要再检查检查不可，啰唆劲儿。

　　　c. 还嫌我啰唆？哪回你不是丢三落四的？——孩子、丈夫和妻子对话。

（15）a. 小张，快把文件打印一份儿给我。

　　　b. 好，我马上打印。——处长与打字员的谈话。

三是没有利害关系时，一般认识者之间语气趋于直接。如（16）：

（16）a. 今天的电影几点开演？

　　　b. 三点半。——同学谈话。（引自北京语言文化大学汉学系主编，1999）

其次，强调心理分析的策略。

一是生者间客气，熟者间随便。例如，客人第一次到家里来，主人一般与客人（特别是异性）对坐，以示尊敬，语气较为谨慎委婉，随着相互的了解、接触次数的增多，一般趋于平坐或随便坐，以示关系紧密，说话也越来越直接，因为中国人认为既然是一家人或者朋友，就不要客气，不要见外，客气反而生疏了。这种文化心理在家庭交谈或朋友交际中很突出。

二是心理状态决定语气，语气表现心理状态；心理状态的变化引起语气的变化。语气的变化是心理状态变化的外在标志，在交流中说话者语气的变化反映了内在心理的互动牵制关系。在讲解过程中教师要清晰地描绘出这条心理线索。以（17）两个同学之间的谈话为例。

（17）安娜：你怎么没吃早饭就来了？

　　　比尔：你忘了你昨天说的话了吗？你说咱们今天一起吃早饭，我在食堂白等了你半天！

安娜：真对不起！我把这件事忘得干干净净了。咱们现在就到食堂去吧？（邓懿，1997：94）

安娜用"怎么……了"反问语气提问，心理是：你应该吃了早饭再来，来得太早了！心理有点儿不高兴。比尔用"你忘……吗？你说……"的反问与提醒语气回答，心理是：怎么嫌我来得太早啊！你应该知道我为什么来，你说话不算数；然后用"我……等了你半天！"表情语气，直接表明自己的不满意、生气的心态。安娜说"真对不起，我……"，用道歉语气表示对自己的疏忽或过错承担责任；"咱们……吧"表意语气中既有补偿心理，又有征求意见的商量心态。二者的心理是从"责备"到"不满意、生气"再到"道歉、补偿"。

三是教师在教学中把语言所表现的好客与礼貌心理细致地讲解出来。例如，我们送客人走的时候常常说："慢走！欢迎下次再来！"大多数留学生认为，"慢走"是"小心地走"的意思。其实，从中国人的待客心理上说，主人的心理是：对客人的来访，主人是通过类似挽留的"慢"语气表示欢迎、喜欢。如果中国人说："快走"，那么，主人的心理是：你走吧，你走吧，我不喜欢你在我家，快离开我家吧。在礼节上，中国人有送贵客的习惯，以示尊敬和礼貌，而欧美就没有这个习惯。送客人的心理是借助类似"恋恋不舍地送别"以示自己对朋友离去的伤感和自己不愿客人走。

总之，教师对语气的心理分析应该展示对话者之间的内心悲欢离合、喜怒哀乐，从而使学生能理解汉语的交流过程和心理变化的逻辑，达到自己的交际目的，一般中国人很少说"我爱你"来表达爱恋之情，而是通过过生日呀、买礼物呀等行动暗示自己的内心。

再次，注重形象演示策略。

语气就是心理状态的反映，心理状态是抽象的，而作为其表现形式的语气也是抽象的，特别是书面语。因此教师应该力图把无声的书面语言变成有声的口语，或把有声的口语（语调、重音、停顿和语速等）再用视觉线条标示出来，便于学生的理解、记忆和模仿。可以标出语调，如（18），也可以标出重音，如（19），还可以标出停顿，如（20）或者标出语速（点密为快，点疏为慢），如（21）：

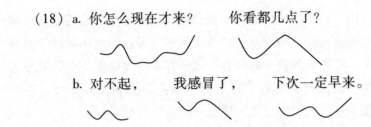

（18）a. 你怎么现在才来？　　你看都几点了？

b. 对不起，　　我感冒了，　　下次一定早来。

（19）a. 我想借的是汉语<u>书</u>，不是汉语<u>杂志</u>。

b. 没有<u>杂志</u>，只有<u>书</u>。

（20）a. 我们现在/ 去超市/ 买点儿水果，好吗？

b. 好啊！我最喜欢吃的/ 是橘子。

（21）a. 刮风了，快! 快! 快! 把阳台上的衣服/ 收进来!

b. 不用着急，我已经用夹子夹好了。

最后，在真实语境中借助语音流教与学的策略。

语气所表现的心理内涵有时复杂而难以把握，语境则可以为语气的性质和变化提供一个体验和揣测的基础，因此，教师应该在一定的语境中通过领读（配合恰当的动作和表情）和学生的跟读模仿，或通过多媒体教学，在视觉、听觉、口头上增强语气的视听冲击力，提高学生在听说语音流的感受中对语气的理解运用能力。同时，应注意及时总结具有一定概括性的语气短语，因为语气短语在人们日常语言中是表现心理的最直接手段，也是最难于理解的，教师应该把它们作为语气教学的重点和难点。例如，真是的——不满；没说的——答应；好家伙——意外或惊奇；V/adj + 什么呀——反对或失望；算了吧——不相信；可也是——赞成；看他怎么办——观望；你看你——责备或不满；你怎么……才……——责备或奇怪。（倪明亮，1998：327 –338）

总之，语气教学策略最终都要落实到留学生亲自去理解、体验、模仿和实践，理解和体验保证了留学生对语气语用的得体性和恰当性；模仿和实践保证了留学生能运用语气表现形式准确地展示内心的情感。所以，对外汉语教学的实践性、交际性、趣味性和情境性也适合对外汉语语气教学。任何语言知识必须通过留学生的模仿和实践落实到语言能力。因此，一方面，应该有目的、有计划地在对外汉语教材的编排上，安排语气教学的内容；另一方面，教师也要有意识地进行语气教学，认识到语气教学对培养留学生语感和交际能力的重要性，从而逐步使语气教学成为一项独立的教学内容。

【参考文献】

[1] 北京语言文化大学汉语学院汉语系编：《中级汉语听和说》，北京语言文化大学出版社1999年版。

[2] 邓懿：《汉语初级教程》，北京大学出版社1997年版。

[3] 范晓：《三个平面的语法观》，北京语言文化大学出版社1996年版。

[4] 方梅：《北京话句中语气词的功能研究》，《中国语文》1994年第2期，第129—138页。

[5] 劲松：《北京话的语气和语调》，《中国语文》1992年第2期，第113—123页。

[6] 倪明亮：《HSK中国汉语水平考试应试指南》（初、中等），北京语言文化大学出版社1998年版。

[7] 齐沪扬：《论现代汉语语气系统的建立》，《汉语学习》2002年第4期，第1—12页。

[8] 邵敬敏：《汉语语法的立体研究》，商务印书馆2000年版。

[9] 沈家煊：《不对称和标记论》，江西教育出版社1999年版。

[10] 石毓智：《语法的认知语义基础》，江西教育出版社2000年版。

[11] 王力：《中国现代语法》，商务印书馆1985年版。

[12] 王小波：《黑铁时代》，时代文艺出版社1998年版。

[13] 徐晶凝：《汉语语气表达方式及语气系统的归纳》，《北京大学学报》2000年第3期，第136—141页。

[14] 袁毓林：《现代汉语祈使句研究》，北京大学出版社1993年版。

[15] 张德禄：《社会交流中的合意性与语法中的语气和情态》，载《语言的系统与功能》，北京大学出版社1990年版。

[16] 张谊生：《现代汉语副词研究》，学林出版社2000年版。

[17] 赵春利、杨才英：《语感问题与第二语言信息转换教学法》，《现代中国语研究》2002年第4期，第131—142页。

　　本章前半部分摘自《论现代汉语语气范畴》发表于《长江学术》2003 年第 5 辑，第 127—135 页。

　　后半部分摘自《谈对外汉语语气教学》发表于《暨南大学华文学院学报》2003 年第 1 期，第 19—26 页。

第八章　语感训练的非言语教学

　　非言语交际要素对留学生汉语语感的培养具有重要的意义。而传统的对外汉语教学无论在教学内容还是教学方法上，主要的理论根据还是以语音、词汇和语法为核心的结构主义语言学，它促进了教学的系统化；后来接受了功能语言学的有关功能、交际的思想，它带来了教学的目的化；随着社会语言学以及相关学科的深入发展，语言研究领域的进一步拓宽，交际能力不再等同于单纯的言语能力，非言语要素在交往互动中的作用也成为学者们关注的焦点。作者就以交际社会语言学为理论背景，在研究语感的逻辑本质、语感培养的原则和语感教学的方法的基础上（赵春利、杨才英，2002），以目的语交际能力的培养为探讨视域，提出：尽管基于听、说、读、写的言语能力是目的语语感能力的核心构成要素，但是在实际的人与人的交往互动过程中，基于文化、心理和认知的表情、视线、眼神、手势、体态、体距、口气、语气等诸多非言语交际要素对语感能力的形成和交际能力的培养起着潜移默化的作用。因此，非言语要素在教学目的的确立、教学内容的编排、教学方法的运用和教师素质的培养上都具有重要的意义。本章旨在阐明非言语交际要素的性质、特征、内容及其在社会交际和课堂教学中的重要性，明确对外汉语教学的目的，提高留学生的汉语语感能力，培养留学生使用汉语的社会交际能力。

第一节　非言语交际要素的理论背景

　　以索绪尔为代表的结构主义语言学通过区分语言与言语、共时与历时为科学意义上的语言研究划定了界限、圈定了范围，以此为理论基础，美国描写语言学派把研究对象从书面语扩展到了口语，并创制了一套对语言结构的形式进行分析和描写的技术。初创阶段（20世纪50—60年代）的对外汉语教学从教学目的、教学内容和教学方法上都是以其为理论依据的，特别重视语言知识的传授，主要采用演绎法和翻译法，因为当时汉语本体的研究受结构主义的影响，而对外汉语在各个方面又直接受汉语研究的指导，正如周祖谟（1953：25）所说："我们必须建立以新的语言学为基础的教学方法来进行汉语教学。"可贵的是在改进阶段（20世纪60—70年代）基于教学实际提出了实践性原则以及着眼于技能培养的归纳法和相对直接法；直到探索阶段（20世纪70—80年代）才把交际与实践结合起来，真正在教与学的意义上引进了以结构主义为语言学基础、以行为主义为心理学基础的听说法，把教学内容的编排从以语言项目为纲转为以语言技能——听、说、读、写——为纲；进入改革阶段（20世纪80—90年代）以后，重视语言交际功能的功能主义语言学使学者们有意识地把结构和功能结合起来以编排教学内容，并且有针对性地训练言语技能，特别是20世纪80年代中后期以后，随着研究语言能力的转换生成语法以及认知语言学、心理语言学、计算机语言学等相关学科的引入，对外汉语教学出现了蓬勃发展的势头，对语言规律、语言教学规律和语言习得规律的研究逐步全面展开，特别是中介语理论和偏误分析方法的运用，加深了对语言习得机制的认识，也明确了教学目的，即培养留学生的言语交际能力。

步入20世纪90年代以后，对外汉语教学界出现了两个问题：一是把教学内容的编排与教学方法的运用简单机械地同教学目的——听、说、读、写四种言语技能——对应起来，以为听、说、读、写能力就是通过听力、口语、阅读和写作借助听、说、读和写的教学方法和学习方法训练出来的，虽然确实贯彻了"学生为主体"的原则，结果是不但学生的主体性没有发挥出来，教师的主导作用也无从谈起。二是有意无意地把言语交际能力理解为听、说、读、写四种言语技能的机械相加，实际上这既是言语能力本身的研究不够，也是对交际能力的误解。首先，言语能力既不是四种技能的简单自然的组合，也不是能通过一对一的方法就能形成的，而是人的听、说、读、写在认知结构中有机融合所形成的语感能力，"从质的规定性上可以说：语感就是语言形式及其负载意义的内化"（赵春利、杨才英，2002：201）。这是就语言教学本身来讲的，即培养学生的汉语语感能力。其次，作为一门边缘学科，重视语言学与社会学等学科理论和方法的社会语言学为我们理解第二语言教学的目的、内容和方法提供了既细致又广阔的思维空间。一方面，它把结构主义和转换生成语言学所研究的系统匀质的"语言"还原到使用该语言的活生生的社会生活中，来观察语言间的接触、变异、运作、特征及其与使用人群、社区的关联性。另一方面，基于此种理论发展起来的交际民族志学、跨文化交际、会话分析，特别是交际社会语言学的研究使"交际"和"交际能力"的内涵更加丰富。如果说，语感能力是就语言教学的内在本质来说的，那么交际能力则是就语言教学的外在社会功能来说的。

从社会性角度看，言语能力具有交际性，属于一种交际能力，这是毋庸置疑的，因为一般来说，人与人之间就是通过言语行为来沟通信息、传递感情和表达意图的，但是人际间的交际活动并不完全都是由言语行为来达到的，言语能力确实是一种重要的交际能力，但交际能力还包括很多非言语交际要素。正如亚当·肯顿（2001：3）所言："交际往往被看成是语言的功能，而且往往确实就是，而这种功能能够通过非语言的手段来实现，反过来也一样。"问题是，如果说，对外汉语教学的目的是培养留学生的言语交际能力，那么，在交际活动中发挥作用的非言语要素是不是教学内容的一部分呢？

第二节 非言语交际要素的性质、特征及其内容

一 非言语要素在言语行为中的性质

什么是语言真实的存在状态或方式呢？我们姑且不从语言发生学意义上去廓清语言究竟起源于"汪汪说"（the bow-wow theory）、"叮咚说"（the ding-dong theory）还是"呸呸说"（the pooh-pooh theory）

（布龙菲尔德，1980：4），单从语言发展的历史所证明的无可争辩的事实来看：存在无文字的语言，不存在无语音的语言（人为创制的聋哑语和旗语除外），语音形式是第一性的，属于语言的原初形式，而文字形式是第二性的。在社会生活中，人们每天说出的话和听到的话是语言存在的最初方式，也是最自然的状态。认识不到这一点，我们将永远不能理解语言的本质及其发展变化的原因。所以说："语言的本质乃是人类的活动，即一个人把他的思想传达给另一个人的活动，以及另一个人理解前一个人思想的活动……或更简便地说，说话人和听话人以及两者间的相互关系"（奥托·叶斯柏森，1988：3）。可以说，作为活的语言的口语就存在于人与人之间的言语活动中。

人际间的言语行为之所以可以被理解成一个陈述、一个问题、一种承诺、一个请求、一次告诫或者一种预言等多种类型，除了作为言语要素所能负载的意义以外，是由于很多非言语要素所构建的使言语意义得以呈现和激活的"场景"。我们无法想象一次无表情、无腔调的平淡无奇的言谈，别说现实生活中两个人所进行的有说有笑的谈话，即使对着话筒的人都富有表情地做着与言谈内容或者自身心理活动协调一致的动作，甚至单纯的小说文本所描写的感人故事也会使人潸然泪下。这是由于人类独有的自我意识和对象意识能够根据我们的实际经验借助想象力构建一种场景，而这种构建活动离不开非言语要素的参与，有的非言语要素已经内化到我们的认知结构和语词中，甚至有的语词本身就是对非言语要素的描写。比如，有个留学生问："'她白了我一眼'是什么意思？"如果教师只是告诉他表示"讨厌、反感或厌恶"，恐怕不如做一个"白了一眼"的动作更有效，可以说非言语要素在实际的听、说、读、写中起着构建场景的作用，没有非言语要素的言语行为就像离开水的鱼一样缺乏活力。

二　非言语交际要素的特征

非言语交际要素具有以下五个特征。

一是信息传达性。

无论是眼神、表情、动作，还是站位和视线，都能自觉不自觉地透露出行为者的某些心理、情感和态度信息。平时连蹦带跳上学回家的孩子今天耷拉着脑袋走进家门，家长一定猜出孩子是做错了什么事、挨了批评或者考试不好等信息。如果您一进教室，学生都笑了起来，您一定觉得自己穿戴上或脸上有叫人觉得滑稽的地方。尽管有时候传递的信息不甚确切，但是一旦与一定的言语行为结合，就会变得明晰起来，一个面带怒色语速急促的妈妈对未完成作业而想出去玩儿的孩子说："你去！你去！"孩子马上意识到妈妈不让去，一般来说，非言语要素透露出的信息比言语负载的信息更真实，信息量更大，据非言语传播学者美拉比安（Mehrabian，1983：77）的实验证实，在人与人面对面交谈时，词语、声音和无声言语要素所传播的信息比例分别是7%、38%和55%，其信息比例公式就是："the total impact = 7% verbal feeling + 38% vocal feeling + 55% facial feeling."

二是感受直观性。

非言语要素都是借助直观形式为人们的视觉和听觉所感受到，而视觉和听觉是人们接收信息的两条主要通道，据调查，"人所获得的知识，其中60%来自视觉，20%来自听觉，15%来自触觉，3%来自嗅觉，2%来自味觉"（阎立钦，1996：219）。由此可见，非言语交际要素作为表达和接收信息的重要载体，无论是作为教学内容、教学方法还是教学目的，对对外汉语教学来说都具有重要的意义。

三是变化规律性。

一个人随着年龄的增长、社会经验的丰富以及社会化程度的加深，就一般而言，非言语信息所传达的心理态度信息呈递减趋势，而社会角色和民族文化信息呈递增趋势，对非言语要素的意志性控制则越来越强，孩子撒谎一般会脸红，而城府深的成年人则会表现得泰然自若。

四是民族文化性。

虽然每个民族都有伴随民族语言的非言语要素，还表现出一定程度的民族间共通性，比如都用手指引方向；生气时声调较高；女孩儿羞涩时就脸红，并伴随用手摆弄衣服角的动作。但也存在着一定程度的民族差异，中国人的微笑和点头一般表示友好、赞同，而日本人的微笑和点头既可表示快乐友好，也可以表示害羞、不舒服，甚至是厌恶之情。

五是自然协调性。

一般单纯一种非言语要素并不能完成交际活动，总是与别的非言语要素协调，或伴随有声语言。表示同意的行为"点头"时常伴随声音"嗯"；引导贵宾进会议室的职员应该走在贵宾的右前方或左前方，伸开右手或左手指明方向，手心偏上，并微微低头弯腰，表情微笑，同时嘴里说"请进"，动作与动作衔接自然，动作与语言协调一致。

三 非言语交际要素涉及的主要方面

社会是由人组成的，而人的社会性是靠人与人之间互动的交往活动来维持的，为了达到沟通，除了语言之外，人类还把与表情达意相关的很多因素在交际活动中功能化、符号化和社会化了。随着交际社会语言学的发展，这些要素逐步地形成了一些独立的学科，如：副语言学（Paralinguistics）、空间关系学（Proxemics）和人体动作学（Ki-nesics）等，非言语交际要素涉及的方面非常广泛，如（1）声音：语气、语速、语调、音质、音高、节奏、韵律、停顿、插入音、颤音、哭声、笑声、嘘声、咳嗽声、呻吟声、叹息声、清嗓子声、口头语、惊呼声、欢呼声、赞叹声等；（2）手势：代表一至九的各种手势、招手、鼓掌、敲桌子、竖大拇指、伸小拇指、拍额头、指方向、OK形、手指轻敲太阳穴、食指手指刮脸、握拳、手发抖、握手、手轻拍对方后背、手挽手、双手合十、双手抱拳、又擦手掌又擦手背、双手叉腰、双手插入裤子口袋、一只手的大拇指指向耳朵小拇指指向嘴、食指与中指微分其他并拢放在嘴上、双手轻拍肚子、双手接送礼物、手心向下伸手向人招呼、抱着膀子、双手倒背、双手抱头蹲坐等；（3）眼神：视线、注视、环视、虚视、避开视线、东张西望、挤眼、瞪眼、白眼、斜眼（斜视）、翻白眼、使眼色、瞟、瞅、目光控制等；（4）眉毛：皱眉（愁眉苦脸、眉头紧锁）、扬眉、眉开眼笑、挤眉弄眼、眉来眼去、贼眉鼠眼等；（5）唇齿舌：噘嘴、抿嘴、撇嘴、捂嘴、龇牙咧嘴、张嘴吐舌、咬嘴唇、咬牙切齿、接吻等；（6）耳朵：侧着耳朵、竖起耳朵、手张开放在耳后等；（7）面部表情：微笑、苦笑、狂笑、冷笑、傻笑、假笑、皮笑肉不笑、似笑非笑、绷着脸、拉着脸、脸红、沉默等；（8）头部：点头、摇头、摇头晃脑、低头等；（9）脖子：伸长脖子、缩脖子、歪脖子、脸红脖子粗等；（10）身体动作：拥抱、背靠背、身体后仰、背朝别人、身体前倾、侧着身子、鞠躬、跺脚、跷二郎腿、拖着腿、走来走去、触摸行为等；（11）服饰：西服、晚礼服、休闲装、服饰色彩、各种饰品等；（12）格局：围成一圈、并肩而坐、半圆而坐、相对而坐等；另外还有气质、气味、发式、时间观念、空间距离等。这些要素的有机组合就为言语行为的交际活动营造各种各样的氛围，也透露出交际者的各种信息。

第三节　非言语交际要素教学的重要性

一　非言语交际要素对语言学习的重要性

这些非言语要素的组合对成功交际来说并非都起正效应，比如傲慢的斜视很可能导致交际失败。但是无论怎样，它们都是交际者心理情感、行为动机、个性特征、文化素养、社会地位、价值观念等各种信息的自觉不自觉的集中体现。正如盛炎（1990：34）所说："我们常看到一些外国留学生，汉语说得不错，但是动作、表情却是外国式的，看起来有点滑稽。"这种"言行不一"的问题就在一定程度上暴露了对外汉语教学的失误。交际能力不是单纯靠语言的学习和习得就能完成的，而文化部分也不能囊括非言语要素的全部内容，况且很多学者把文化问题仅仅作为知识传授给学生，对培养交际能力来说起着比较基础的作用。而非言语要素主要体现在言语交际活动中的心理情感的表露性与行为动作的协调性上。

掌握非言语要素的交际功能对留学生来说具有很重要的意义。从阅读理解来说，很多汉语文本中包含对非言语要素的描写，留学生需要理解其内涵，这是最基本的，从学习目的和表达需要来说，大多数留学生不单纯是来学习汉语语言的，也不是来简单掌握听、说、读、写言语能力的，而是想通过汉语的学习在中国从事与运用汉语有关的工作，必然跟中国人打交道，因此仅仅理解非言语要素的内涵就远远不够了，还必须学会正确得体地运用言语技能和非言语要素表达自己的情感和意图，恰当地运用非言语要素能增强个人的交际亲和力与人格魅力，提高交际的成功率。因此，对外汉语教学的目的就是通过汉语教学和文化传授培养留学生协调得体地运用言语要素和非言语要素进行社会交际的能力，如表8—1所示：

表8—1   **教学目的的分类**

教学目的	语言文化	语言（语音、词汇、语法、语用等）
		文化（民族心理、风土人情、价值观念等）
	交际能力	言语交际能力（听、说、读、写、译等言语技能）
		非言语交际能力（语气、语调、表情、动作等）

二 如何进行非言语交际要素教学

首先，应该把非言语交际能力作为对外汉语教学目的的组成部分，明确交际能力的形成并不是语言交际能力的自然结果，必须重视非言语能力的培养。

其次，应该组织学者加强对汉语非言语交际要素的种类、组合形式、表现特征及其内涵的研究，目前国内外学者主要从交际社会学、跨文化交际和教学方法论角度研究非言语要素如何在交际和教学活动中起作用、如何运用它们达到成功交际或教学的目的，对外汉语教学界还没有把掌握汉语非言语交际能力作为一项教学内容和测试内容。因此应该把非言语要素的内容按照从易到难分阶段的原则编排到教材中去，而且在日常的测试、学期学年考试以及HSK考试中逐步增加关于非言语交际要素的考核内容。

另外，正如B. M. Grant和D. H. Henning（1971）的研究所证实的：教师的语气表情动作等非言语要素可以传达82%的教学信息，而言语行为只传达18%，因此，起教学主导作用的教师应该具备这方面的素质，标准有两个：既要在教学实践活动中能正确得体地运用非言语交际要素，真正起到"学高为师，身正为范"的作用；也要在理论上能掌握汉语及其他国家的非言语要素的共同点和不同点，借助跨语言对比，使学生饶有兴趣地习得汉语非言语交际能力。

第四节　非言语交际要素的教学策略

尽管说汉语学界和对外汉语学界对非言语要素的研究起步较晚，还存在很多这样那样的理论问题，但我们可以采用两条腿走路的方式：一方面加强学术研究，深入探讨非言语交际要素的性质、功能等；另一方面通过实际教学积累经验，既能检验当前的研究成果，指出不足，也可以满足社会和留学生的需求，摸索出一条适合培养留学生社会交际能力的路子来。积极倡导体态学研究的伯德惠斯特（Bird-whistell，1988：206）曾指出："我们的所有动作，如果有意义，就是习得的。"这种习得性就是可教性心理基础。就目前的研究水平而言，突出非言语交际要素教学应该注意以下几个原则：

一　教学真实性原则

这里主要是指外在情境与内心情感的真实，真实的情境有利于留学生进入角色，揣摩、酝酿并体验所担任角色的心理情感，把握说话者的语气、音高、语调、面部表情、手势动作等，一个心情不高兴的学生做出的笑容可能是假笑，一个脸皮薄的学生很容易脸红而说不出话，教师要注意培养学生的交际意识和交际素质，指出应注意的每一个细节。比如（1），小陈今天上班又迟到了，科长对他很不满意：

（1）a 科长：小陈！怎么搞的？又来晚了！

　　　b 小陈：科长，我家远，你又不是不知道。

　　　a 科长：家远，你就不能早一点出来吗？

　　　b 小陈：早一点？你不知道，我每天早晨六点钟起来，收拾一下，早饭都来不及吃，六点一刻就跑出来了。（引自北京语言文化大学编，1999：186）

对话场所为公司办公室，二者属于上下级关系。科长的角色是地位高，心里生气，用强硬性的质问兼责备语气，音较高，语速较快，眼睛盯着小陈的脸，紧缩眉头，绷着脸，略带怒容，站着，右手食指指着小陈，左手插在裤袋里，体距两米左右；小陈的角色是地位低，但是心里不服气，找借口，对质问表示不满，觉得科长是明知故问，采用低调的申辩语气，语速一般，站着，双手下垂，头略低，眼珠略向上，看科长的脸或上衣衣领处，噘着嘴，鼻音重，有点儿嘟嘟囔囔的感觉。教师师范，学生模仿并操练。

二　主题明确性原则

即使一个简单的不规范的倒酒倒茶的动作也可能影响客人的情绪或者谈判者的评价，中国人讲究倒酒时无论是用左手还是右手，倒酒者与喝酒者之间不能被倒酒的手隔开，否则视为不尊敬或无诚意。因此每次训练应该突出主题，列出具体详细的非言语要素考察项，围绕言语行为的交际有计划地安排与学生汉语水平匹配的非言语教学项目，毕竟非言语要素应该配合语言学习，不可喧宾夺主，一个吐字不清、组句混乱的学生当然谈不上什么言语交际能力的，只有配合言语技能训练合理编排非言语交际能力的训练才能起到"事半功倍"的效果。比如，打招呼（根据地位差别、年龄长幼、职业性质等设计一组关系密切的、一般的、仅仅认识的、刚认识的、陌生的两个人的谈话）、同学生日、吃饭（分地点：家里、餐厅、饭店、海边）、人才交流会（分角色：毕业生、公司招聘员）、商业谈判等场景，使学生体会不同场景对服饰、语言、表情、动作、手势以及礼仪上的要求。

三　循序渐进原则

从整个教学阶段来说，应该有一个渐变的过程，即从教师示范学生模仿，到教师提示学生自己解读体会，逐步过渡到学生自我解读领悟、独立表演，最后是能创造性地借助语言和非言语要素表情达意，甚至独立设计交际场合。教师要使学生明白如何分析汉语文本的内容，对一段对话从场景、时间、交际者的身份、年龄、关系、心理状态、语气、语调以及相关的动作、表情、眼神等角度分析体会揣摩。比如（2），下面是两个人打招呼的开头语：

（2）a 刘红：李文！李文！怎么回事？没听见是怎么着？李文！

b 李文：哟，是李红呀，来买东西？

a 刘红：是呀，你这儿忙什么呢？这么喊你都没反应！

b 李文：你喊我了？嗐，我正忙着把这张问卷调查表搞完呢。真没听见，对不起啦！（引自北京语言文化大学编，1999：193）

经过一段时间的学习以后，在教师提出的相关问题的引导下，留学生应该解读出以下非言语要素：一个喧嚣的商场里或集市上；刘红和李文是关系很好的大学生，刘红偶然看见了李文；刘红在熙熙攘攘的人群中大声喊李文，表情激动兼急切，踮着脚，举着手并晃动着，眼睛注视李文；李文正弯着腰低着头在一张桌子上整理着一些问卷，听见喊声后，站起回头看刘红并打招呼，表情因意外而略带激动，微笑；刘红微微噘着嘴低声回答，表情有点儿不高兴，嗔怪李文；李文先表示怀疑后做解释，最后微笑着表示歉意。这样的话，学生对汉语、文化及汉语的交际场景就有比较深刻的认同度、接受度和融合度。

四　因材施教原则

在教学活动中，由于性别、年龄、性格、心理状态、价值观念、文化传统、气质仪表、社会经验等各个方面的差异，不同的学生对某一场景的解读能力和模拟能力会表现一定程度的差异，因此，教师不可对所有的学生刻板地按一个标准来要求。

可以说，从教学目的的确立、教学内容的编排、教学方法的运用到教学效果的测试，对外汉语非言语要素教学贯穿于整个教学过程中，另外非言语交际能力还是对外汉语教师必备的素质和技能，体现在教师的教态、教风上，是教师沟通能力与亲和力的重要体现。

【参考文献】

［1］北京语言文化大学编：《中级汉语听和说》，北京语言文化大学出版社 1999 年版。

［2］［丹］奥托·叶斯柏森：《语法哲学》，何勇、夏宁生、司辉、张兆星译，语文出版社 1988 年版。

［3］［美］布龙菲尔德：《语言论》，袁家骅、赵世开、甘世福译，商务印书馆 1980 年版。

［4］［美］朱利斯法斯特：《体态与交际》，孟小平译，北京语言学院出版社 1988 年版。

［5］盛炎：《语言教学原理》，重庆出版社 1990 年版。

［6］阎立钦：《语文教育学引论》，高等教育出版社 1996 年版。

［7］［英］亚当·肯顿：《行为互动——小范围相遇中的行为模式》，张凯译，社会科学文献出版社 2001 年版。

［8］赵春利、杨才英：《言语行为中语感的逻辑界定》，《长江学术》2002 年第 1 辑，第 210—219 页。

［9］赵春利、杨才英：《对外汉语教学初级阶段语感培养的原则》，《语言教学与研究》2002 年第 1 期，第 61—66 页。

［10］赵春利：《对外汉语偏误分析二十年研究回顾》，《云南师范大学学报》2005 年第 2 期，第 70—76 页。

［11］周祖谟：《教非汉族学生学习汉语的一些问题》，《中国语文》1953 年 7 月号，第 25—28 页。

［12］Albert Mehrabian. *Silent Messages*. Second edition. Belmont, California：Wadsworth Publishing Company, 1981.

［13］Birdwhistell, R. *Introduction to kinesks*. Louisville：University of Kentucky Press, 1952.

［14］Grant, B. M. & Henning D. G. *The Teacher Moves*：*An Analysis of Nonverbal Activity*. New York：Teacher College Press, 1971.

［15］Malandro, Loretta & Larry, Barker. *Nonverbal Communication*, California：Addison Wesley, 1983.

本章摘自《对外汉语非言语交际要素教学》，与唐娜、程晓丽合作发表于《海外华文教育》2016 年第 1 期，第 19—26 页。

第九章 语感培养的转换教学法

语感是语音、词汇、语法等语言要素和非言语要素的意义及其负载形式在读、听、说、写的操练中逐渐内化并相互转化而综合形成的。那么，在对外汉语教学的语感培养中，如何促进语言符号的意义及其负载形式的内化呢？如何促进语言符号的信息在读、听、说、写中的转化呢？根据现象学意向性、完形心理学、发生认识论的基本观点，结合阅读法、听说法、视听法、认知法、暗示法等教学方法，我们提出了信息转换教学法，该方法能在较短的时间内促进第二语言诸要素的内化和言语能力的转化，提高学生的读、听、说、写等言语能力，培养良好的汉语语感。

第一节 信息转换教学法的理论基础

信息转换教学法的理论依据，主要来源于现象学意向与还原理论、心理学认知理论、行为主义语言学和语言学语感内化理论。

首先，哲学基础。根据埃德蒙德·胡塞尔（1986：48－55）的现象学意向性理论，人的每一个意识活动都指向或涉及结构以外的某种形态或意态（主要指视听的语言信息）。一旦意识活动指向某个事物或事态，那么，意识就处于意向状态之中，所指向的事物或事态就是意识的意向对象或意向信息。基于意识的意向性，人们的意识在当下时刻所接收感知的意向对象的信息量是有限的，也就是说意识活动的意向性在每一个时刻必须在众多的外在感知对象或者对象的某些信息及其形式中做出选择。即在当下的一定心理状态下，并不是所有的感知对象和语言信息都能清晰地进入认知活动的意识域，只有部分意向对象或其信息量或其形式能清晰地呈现在意识活动中，其余的对象或其信息及其形式则被边缘化为当前意向对象的背景对象或背景信息。而一旦认知活动指向某一背景对象或其某一信息时，这个对象或信息就转化为意向对象或意向信息，原来的意向对象或其信息则转化为背景对象或背景信息。但是有的背景对象或其某一信息可以随时转化为意向对象或意向信息，有的可能由于与认知结构结合得不够牢固；或者与已经形成的语言系统缺乏亲和力、缺乏相似性和互补性，从而处于认知活动的边缘域、模糊域，需要一定语境下的视听信息提示或实物刺激，才能再次回到认知活动的意向结构里，转化为意向对象或意向信息。意识的意向性特点为如何使留学生保持对信息的持久注意力，如何激活其心理紧张度指出了方向。

意向对象或信息包括意向所指和意向能指。意向能指的信息主要有视觉记忆、听觉记忆、口头记忆和书写记忆四种存储方式，但无论怎样，意向所指的信息的意义却是内在且稳定的。而读、听、说、写的训练，本质上就是意向所指的意义信息在能指不同存储方式上的互相转换。例如，"我爱你！"这句话，无论你是读、听还是说、写，尽管在不同语境下，语词涉及或指向的对象有差异，但其所指的意义是稳定的。那么，如何促进意向所指信息在读、听、说、写间的转换呢？埃德蒙德·胡塞尔（1986：39－47）现象学的还原思想，为"如何把静态有形的视觉信息还原为动态有形的听觉信息，进而内化为大脑区域的内码"提供了思路，使我们把具体的文字转化为抽象的声音，从而形成了视觉信息量递减——听觉信息量递增后递减——口头表达难度递增的"信息转化教学法"。信息转换教学法的由"读"到"听"到"说"再到"写"的转化，本质上就是把认知活动所指的意义借助意义的信息存储方式之间的转化建立大脑不同区域之间的网络系统，提高背景信息向意向信息的转化率，在这个过程中促进读、听、说、写等语言能力的发展，培养留学生的良好语感。在实际教学上，怎样促进它们之间的转换呢？本书提出了视觉信息量递减→听觉信息量递增后递减→口头表达难度递增后递减→书写难度递增的信息转换训练方法。

其次，心理学基础。完形心理学提供的依据是：人的认知结构具有完整性、能动性和组织性，它能依据自身原有的语言系统在视觉、听觉、口头等各种感知方面弥补信息的空缺，这就是心理学的完形原则。如果教师淡化外在展示的视觉信息以后，留学生仍能根据已经内化的信息和原有的母语语言系统在一定的信息量范围内通过"记忆"能动地填补缺失的信息。例如，把信息"我想在早饭以前，好好儿地把宿舍收拾收拾"通过教师的讲解领读和留学生的理解跟读以后，转化为"我想在____以前，好好儿地把____收拾收拾"。根据母语和内化的第二语言信息，留学生仍能通过视觉填空填补缺省的视觉信息，那么，"早饭"和"宿舍"已经转化为听觉信息或口头信息，甚至书写信息了。

最后，生物学基础。生理学、脑科学以及发生认识论的研究成果为信息转换教学法的可行性提供了科学依据。除了生理上的视觉暂留现象和脑科学所证实的大脑可塑性为之奠定了基础之外，在整个教学过程中穿插运用的以"读"为出发点和核心的视听读、视读、听读等方法和视觉听觉、口头、书写等多重刺激，也借鉴了行为主义语言学的刺激—反应理论。在生物学家拉马克（Lamark, J. B.1809/1914）的刺激（S）—反应（R）理论的基础上，Piaget（皮亚杰，1972：61）发生认识论把人的认知过程表示为：S←→AT←→R。这个公式表示：一定的刺激（S）被个体同化（A）于自身的认知结构（T）中，才能对刺激做出反应（R）。那么在教学上，教师应该让学生通过视觉、听觉、口头和书写把语言信息读出来、听出来、说出来、写出来，从而刺激学生把语言的各种要素与自身的认知结构通过相互同化或顺应结合起来，形成语言系统，这个过程就是语感形成上的内化理论。

另外，信息转换教学法还借鉴了别的教学法的做法。例如，语法—翻译法、阅读法、听说法、视听法、认知法、暗示法和功能法等。

语感是某一民族语言的使用者对本民族语言的内化的结果。从母语角度说，语感是使用者在使用语言的过程中自觉或不自觉地将意义及其负载形式不同程度地内化而形成的。从对外汉语教学上来说，教学也应该依据语感内化理论通过视觉、听觉的信息输入和读、说的信息加工、连接、内化、输出将语句的所指及其负载的能指（语音链、符号链、意义链等）从有意识的强化记忆和使用转化为无意识的表达，从而逐步形成言语能力。信息转换教学法就是在学生的视觉、听觉和口头上通过把信息从外到内和从内到外的多次刺激、转化、输入、输出，逐步培养学生读、听、说的良好语感能力。而"读"在整个信息转换教学中起着贯穿始终的基础作用，是训练听说的桥梁和基础，可以说正是通过信息的转换来促进由读到听到说的能力的转化。

第二节 信息转换教学法的教学过程

一 信息转换教学法的界定

首先，信息在内容和形式上不仅指言语信息，还包括非言语要素信息，例如，手势、表情、图画、实物等，这样可以突出非言语信息在教学中的地位；信息转换教学法是从"主体存储信息的方式"这一新的视角，把信息分成了视觉信息、听觉信息、口头信息和书写信息；"信息转换"不仅指信息内容的内化，而且还包括信息方式的转化，那么，这里的信息就包含了两层意思：在内容上，是指言语信息和非言语信息；在方式上，是指外在信息的展示刺激方式与主体的信息存储方式。所以说"信息转换"主要是指"信息内容的内化和信息方式的转化"，简称为"信息转换教学法"。

其次，"转换"并没有借用形式语法和生成语法的用法，而是只包含内化与转化两方面的意思。内化是指在纵向上语言要素与认知结构相结合形成语言系统；转化是指在横向上学生的言语能力由读到听到说再到写的变换提高。转化以内化为基础，内化借助于转化得到巩固。例如，当语言要素与认知结构中的视觉区结合，就会内化为"读"的能力；当语言要素与认知结构中的听觉区结合，就会内化为

"听"的能力；当语言要素与认知结构中的言语区结合，就会内化为"说"的能力；而当语言要素与认知结构中的书写区结合，就会内化为"写"的能力。而语言要素能够在认知结构的各个功能区间（读、听、说、写）自由转化，可以巩固内化的结果，形成较为稳固的语言系统。

从信息存储和传送角度来说，语言本质上是承载传输信息的符号系统。人的眼、耳、口、手四种器官在语言信息的输入、输出过程中通过变换语言信息的存储方式和交流方式，即视觉信息、听觉信息、口头信息和书写信息，就会逐渐形成与之对应的读、听、说、写四种言语能力。因此，信息转换教学法可以通过变换语言信息的存储交流方式，来调动学生在学习中使用各种语言器官，通过调节不同语言信息方式所容纳的信息量大小，使学生的弱言语能力（如：听、说、写）趋向于强言语能力（如：读）。

从信息形式、言语器官、言语能力、课程设置、教学方法等多种维度的对应性上看，它们之间存在着以下关系：

表 9—1 　　　　　　　　　　**信息转换教学法的基本要素关系**

语言信息流向	输入	输入	输出	输出
信息负载形式	文字	语音	语音	文字
信息存储形式	视觉	听觉	口头	书写
大脑支配区域	视觉区	听觉区	口头区	书写区
言语器官	眼	耳	口	手
言语能力	读	听	说	写
课程设置	阅读	听力	口语	写作
教学目的	读	听	说	写
教学方法	读	听	说	写
测试方法	读	听	说	写

无论在言语技能上还是在信息量上，一般留学生都表现为：读 > 听 > 说 > 写。那么，在教学的具体操作上，如何把"读"的能力转化为"听、说、写"的能力呢？我们知道，信息既是刺激学生形成能力

的基础，也是衡量学生言语技能高低的标准，因此说，能力之间的转换归根结底是信息方式和信息量的转换。如果"写"出的信息大于"说"出的信息，那么就表明写作能力大于口语能力。信息转换的过程就是在教学过程中通过师生的"读"逐步形成言语能力的过程，那么，具体到实际教学中就归结为三个要素：信息的展示方式、教师的引导方式、学生的接收方式，而教师引导的方式起主导作用。

二　信息转换教学法

信息转换教学法的教学对象包括初级、中级、高级的留学生；教学目的是培养留学生读、听、说、写的语感能力；教学内容可以包括字、词、句、句群、对话、语篇等不同的教学单位；教学程序主要是从"读、听、说"到"听、说"再到"说、写"，其中还可以穿插问答、复述、扩展、口头作文、角色分工等；教学特点是把教学内容分割成不同难度系数的小单元，因材施教地让每个学生回答不同难度的问题，从而充分挖掘学生的学习潜能，调动学生的积极性，使学生保持良好的精神状态与紧张度。学生一般可以积极参与到教学活动中来，能在短时间内迅速提高学生的语言能力，培养学生扎实的语感能力。

信息转换教学法就是以结构和功能为基本的逻辑前提，来探讨促进学生诸种语言要素像语音、词汇和语法等的内化与言语信息由视觉向听觉、由听觉向口头和书写转化的实际操作过程和步骤。

以语篇教学为基本的听、说、读、写训练单位，在语篇中介绍语句间的衔接、连贯、指称等涉及结构与功能的因素，在留学生理解的基础上，促进语言要素的内化和语言信息存储方式的转化，充分发挥语篇教学在培养学生对第二语言的成段表达的能力以及提高学生的语感能力等方面的作用。

（一）以初级汉语水平的留学生为例

第一步，视觉信息（文字和画面）展示。

教师先把零起点留学生学习汉语一个月以后的教学语篇及相关的画面、图表等视觉信息展示在黑板上或通过电脑/幻灯片投到银幕上，这样便于改变视觉信息的展示方式、性质（文字、图片、实物等）

以及增减信息量。

板书信息（1）：

我的宿舍很小，宿舍里边的东西也不多。我只有一张桌子、两把椅子、一个书架和一个衣柜，当然我还有一张床。桌子上边有灯，床下边是箱子。窗户外边还有好多树。这个宿舍很干净，我很喜欢我的宿舍。（邓懿，1993：121）

相关画面信息：

教师讲解视觉信息，讲解过程本身在一定程度上已经把视觉信息转为了听觉信息。讲解语篇的主要内容、结构衔接、语法重点、词汇和发音的难点。比如，语篇结构是从宿舍里边—宿舍外边—结论；形容词谓语句和方位词主语句是该语篇的语法重点，应该讲清讲透；"liǎngbǎ" "yǒudēng" 是留学生容易读错声调的词语。

另外，设计若干问题以启发学生思考。比如，为什么说"我只有……"? ——因为"我的宿舍很小，宿舍里边的东西也不多"；为什么说"当然我还有一张床"? ——因为这是我的宿舍。这样可以考察学生对副词和语篇整体的理解程度，并加深学生的印象。

无论讲解还是提问，运用适合学生理解水平的教学语言，适当结合与语篇相关的实物、画面、手势语、体态语等形象化手段增强文字信息的可感性，从而使抽象的言语信息转化为具体形象的生活内容，既拉近语篇内容与学生生活的距离，也便于学生直接运用所学语句表述自己的生活，使自身生活场景语言化。

第二步，范读领读视觉信息。

通过教师范读使学生将视觉信息与听觉信息结合起来，而领读可以使学生把视觉、听觉和口头同时运用。教师应该在句内稍顿的地方加上标记"‖"。

板书信息（2）：

　　我的宿舍‖很小，宿舍里边的东西‖也不多。我只有‖一张桌子、两把椅子、一个书架和一个衣柜，当然我还有‖一张床。桌子上边‖有灯，床下边‖是箱子。窗户外边‖还有好多树。这个宿舍‖很干净，我很喜欢‖我的宿舍。

教师要注意学生跟读时的声调、停顿、重音、句调等，掌握规律性的偏误及其特征，并采用恰当的方法给予纠正。当然，上述句子都是陈述语气，随着学生汉语水平的提高，两个月以后，就会出现反问、表情、表意等复杂语气，就应该注意语气教学（赵春利，2003）。

第三步，减少文字视觉信息量，增加文字听觉信息量。

这是信息转换教学法将读、听、说结合的关键步骤，教师一边领读，一边擦掉部分文字视觉信息。如下：

板书信息（3）：

　　我的宿舍‖＿＿＿，宿舍里边的东西‖也＿＿＿。我只有‖＿＿＿桌子、＿＿＿椅子、＿＿＿书架和＿＿＿衣柜，当然我还有‖＿＿＿。桌子上边‖有＿＿＿，床下边‖是＿＿＿。窗户外边‖还有＿＿＿。这个宿舍‖＿＿＿，我很喜欢‖＿＿＿。

注意保留实物、图画等直观非文字视觉信息，逐步删除文字视觉信息，但是，教师在几次（一般 3—5 次）领读中仍然要读出缺失的文字信息，使学生根据听觉信息填补缺失的视觉文字信息。每次文字删除量应该根据一般学生的汉语水平、记忆力、词语的掌握程度、语篇内容的熟知度逐步减少，教师不可操之过急，以免视觉信息缺失过多过快而造成学生忆读（跟读、复述和填补信息）的困难，使学生过于紧张而失去信心。

还要逐步淡化实物信息，可保留图画信息，以便学生回忆语篇内容。每个句子还要注意保留一两个词语（简单的语篇可以全部删除），使学生根据保留信息和教师的领读逐步通过视觉填补黑板上空白处信息——视觉填空法。

第四步，学生根据黑板保留的文字信息和画面，集体有声朗读信息。

当文字信息减少到一定程度，教师就停止领读，叫全班集体朗读（抬头看黑板，不可看课本），这个过程其实就是把留存在大脑中的视觉信息和听觉信息"忆读"出来，这就很接近"说"了，这样可以让学习好的学生带动学习差的学生，减少其紧张度。如果学生有较大难度，教师可以提醒（通过直接告知、指着实物或者画面）或再领读几遍，但是教师应该发挥图画的作用，用手指着图画领读。

板书信息（4）：

____ ‖ ____，____里边____ ‖ ____。我____ ‖ ____、____、____和____，当然____ ‖ ____。____上边 ‖ ____，____下边 ‖ ____。____外边 ‖ ____。____ ‖ ____，我____ ‖ ____。

第五步，检测学生的信息转化量。

这可以从汉语水平低的学生开始，让他们"忆读"出黑板上的信息，学生遇到困难时，教师可以直接或以画面提醒，教师一边听，一边擦掉部分保留的信息。随着一个一个学生的"忆读"，黑板上的信息也越来越少，最后是下列信息：

板书信息（5）：

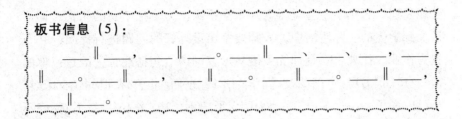

  教师要根据语篇设计相关问题，以激活存储于学生大脑中的视觉信息和听觉信息，比如，你的宿舍大不大？里边有什么东西？窗户外边有什么？……这样可以把叙述性的语篇变成交际性的对话，学生就由原来的视读、听读变为现在的说读，不仅能读取内存信息，而且还能灵活地回答教师的提问。

  当然，可以让学生一组一组地读取黑板上的信息，特别是在课时短而学生多的时候。它可以给予水平不等的学生以自由发挥的空间，在"滥竽充数"式的朗读中，减少学生的羞涩感，增强学生的学习信心；另外，众多学生的朗读能营造一种氛围，使学生之间在视觉和听觉上互相影响，提供更多的刺激，易于培养较好的视听语感。

  让学生单独读的优点是能调动每个学生的积极性，并且有利于因材施教，让差生在文字信息多的时候忆读，有自信；让好的学生在文字信息少的时候忆读，具有挑战性。更为重要的是，可以针对每一个学生的不同情况在发音、语速、声调等方面存在问题时单独纠正（要注意控制纠正时间，跟一个学生单独交流的时间不宜超过5分钟）。

  总之，教师应该控制文字信息的数量、流速和清晰度，以期在难度上与不同水平学生的可接受度相适应，达到"跳一跳，摘到桃子"的教学效果，使每一个学生在接受挑战的同时，获得一种成就感和自信心，培养学生愿意存储文字信息的积极性，使他们在既紧张又具有猜谜性的信息缺失诱惑中提高言语水平。另外，在教学态度上，教师要有耐心，别急躁，应该以鼓励为主，避免挫伤学生的自尊心。

  第六步，总结性复述与知识扩展。

  下课前十分钟，教师跟学生一起看黑板上的图画，集体复述出图画信息。这种教学方法对教师的要求是必须首先掌握语篇的信息，自己能复述，否则学生会觉得老师水平不高。为了把学到的句式、词语扩展到学生的实际生活中，教师要拿出设计好的问题进行提问，并布置写作业。比如，一是训练主语与形容词谓语句搭配，主语是：你的宿舍/房间/书房/中国朋友/同学/书/钱/东西/桌子/衣柜/书架/床/箱子/灯/本子……；谓语有：大不大/干净不干净/多不多/新不新/好不好/漂亮不漂亮/远不远……；二是训练方位词主语句搭配，如____上边/下边/里边/外边有什么？（桌子/衣柜/床/窗户/教室/书包/钱包/椅子）；三是写作扩展，题目是"我的家/房间/卧室/书房/办公室"，并画出草图，下一次课朗读或口述。或者通过听写或作业的方式将"写"与读、听、说结合起来，以检测学生对课文内容的掌握程度。教师可通过对课文内容的听写、学生忆写或者摹写（采用家庭作业的方式介绍韩国的某种食品）等方法检测学生的写作能力，通过听写或学生摹写把课文内容经过"读、听、说"以后再还原到"文字信息"，从而将"读、听、说、写"结合起来。

（二）以中级汉语水平的留学生为例

中级汉语水平的语篇较长，可以根据学生水平调整难度分级。下面通过转换语言信息形式具体说明信息转换教学法对读、听、说、写的操练过程。

第一步，展示、解析、范读、领读视觉信息。

展示视觉信息就是把所要教学的语篇信息通过板书写在黑板上或白板上，或者通过 PowerPoint 投影出来。从阅读能力的角度来说，该语篇属于难度较低的视觉信息，以便于转换信息形式和信息量。

板书信息（1）：

首先，安娜把窗户和门‖打开，把所有的椅子‖完全搬走，才开始擦地板。她把地板‖擦好以后，再把椅子‖一把一把地‖放回原来的地方。她把书架‖擦干净了，又把上面的书‖一本一本地‖擦了一遍。桌子上‖还有好多‖书、纸、字典什么的，她把这些东西‖一件一件地‖放得整整齐齐，她才觉得‖满意。

教师讲解视觉信息并把视觉信息听觉化，就是对语篇的结构、语法进行分析，然后范读、领读。首先，抓住主要的语法点讲清讲透，例如，本语篇主要有"把"字句和数量词重叠，并讲授语句自身意义以及它们之间的功能搭配。其次，在范读、领读的时候，教师不仅要使学生掌握句子基本的音调、停顿、重音和句调以及句子间的逻辑关系，尽量注意标出学生容易读错的声调，例如："suóyǒu""zhěngzhěngqíqí"等；而且尽量用手势语或者体态语甚至采用在黑板上画画儿等方法增强语篇内容的形象性、可感性，拉近语篇内容与学生生活的距离，使有关语篇内容的语言结构和功能生活化的同时，也促进学生生活的语言化。

第二步，循序渐进地删减视觉信息，领读、朗读视觉信息并补充听觉信息。

板书信息（2）：

首先，安娜把窗户和门‖打开，把所有的椅子‖完全搬走，才开始擦地板。她把地板‖擦好以后，再把椅子‖＿＿＿‖放回原来的地方。她把书架‖擦干净了，又把上面的书‖＿＿＿‖擦了一遍。桌子上‖还有好多‖书、纸、字典什么的，她把这些东西‖＿＿＿‖放得整整齐齐，她才觉得‖满意。

逐步淡化视觉信息，就是逐步减少学生熟知的信息（包括淡化视觉文字信息和视觉动作、画面等非文字信息），一次不能淡化太多，要根据学生的记忆力、已知信息量以及语篇内容的熟知程度等，保证学生能在一定的时间内记住被淡化的信息量，以免学生过于困难和紧张而失去学习的信心。

教师要领读，让学生跟读。老师一边领读，一边校音；一边领读，一边擦掉一定的较为容易内化的具体信息。教师仍然领读，并把语法结构和句式停顿结合起来。学生在视觉信息（文字、动作以及图画等信息）和非视觉信息（听觉）的双重刺激下，把老师的领读内容借助已经淡化了的视觉信息的提示和听觉信息的刺激复述出来，这样有利于语篇内容的内化，在循序渐进地淡化语篇信息中，培养学生的语感能力。

板书信息（3）：

　　首先，安娜把＿＿＿‖打＿＿＿，把＿＿＿‖完全搬＿＿＿，才开始擦地板。她把＿＿＿‖擦＿＿＿以后，再把＿＿＿‖＿＿＿‖放＿＿＿原来的地方。她把＿＿＿‖擦＿＿＿了，又把＿＿＿‖＿＿＿‖擦了＿＿＿。桌子上‖还有好多‖＿＿＿、＿＿＿、＿＿＿什么的，她把＿＿＿‖＿＿＿‖放得＿＿＿，她才觉得‖＿＿＿。

　　在教师的领读过程中，随着视觉信息量的逐步减少，听觉信息量却逐步增加；因此，可以说，动态视觉语感培养的阶段和动态听觉语感培养的阶段是一个过程的两个方面。这里划分出两个阶段，仅仅是为了便于说明。一方面，听觉信息既可以把剩余视觉信息与已经淡化的听觉信息联系起来，使语篇在信息量上保持完整；又可以在视觉信息量的减少中，增强对学生听觉语感的冲击力度。另一方面，由于听觉信息比视觉信息更难于把握，很多学生在听力训练中，长期听不懂会使他们失去信心。而听觉信息的提示和刺激，既能保持学生的自信，又使学生在努力地抓住听觉信息并力图将听觉信息与视觉信息连接起来的过程中，有一定的心理紧张度。由此淡化了读、听、说、写的差异，转化了信息存储形式，有利于学生在较短的时间内掌握新信息，内化新旧信息所携带的音、形、义，形成较好的语感能力。

　　在动态视觉语感培养和动态听觉语感培养的这一个过程中，教师领读和学生跟读是课堂教学的外在教学形式，教师逐步淡化视觉信息而增加听觉信息是课堂教学的外在教学手段；而视觉信息与听觉信息的互相穿插过渡却是这一过程的内在动力，在视觉信息量递减而听觉信息量递增这一动力的推动下，学生的诸种心理活动（想象力、理解力、记忆力等）和已有的知识结构及其信息量都会被充分调动起来。

　　第三步，巩固、检测、扩展听觉信息，通过复述和回答问题逐步扩展到口语信息。

板书信息（4）：

首先，安娜把＿＿‖＿＿，把＿＿‖＿＿，才开始＿＿。她把＿＿‖＿＿以后，再把＿＿‖＿＿‖放＿＿。她把＿＿‖＿＿，又把＿＿‖＿＿‖＿＿。桌子上‖＿＿‖＿＿、＿＿、＿＿什么的，她把＿＿‖＿＿‖＿＿，她才＿＿‖＿＿。

当视觉信息减少到一定的程度（大概在70%—80%）时，教师可以采用学生集体视觉填空式朗读的方法；也可以采用一个一个的学生单独视觉填空朗读法；当然，也可以两种方法穿插进行。

集体法常常在时间不多而学生很多的时候运用，它的好处是给予程度不同的学生以自由发挥的空间，在"浑水摸鱼"式的朗读中，减少学生的羞涩感，增强学生的学习信心，另外，学生的朗读在视觉和听觉上都会互相影响，提供更多的刺激。

单独法常常在时间充裕而学生较少的时候运用，其优点是可以在视觉信息量多而听觉信息量少的时候，让汉语水平低的学生朗读，随着视觉信息的减少，视觉信息量转化为听觉信息量，随着朗读和试图回忆难度的增加，让学习较好的学生朗读，这样既可以因材施教，在发音、停顿等方面帮助每一个程度不同的学生，也可以照顾学生的特别需要，比如语速、语法等，增加了别的学生接收听觉信息的刺激次数，教师在矫正某个学生的发音、停顿等问题时，使其他学生也注意自查有没有这样的错误。

板书信息（5）：

＿＿，＿＿‖＿＿，＿＿‖＿＿，＿＿。＿＿‖＿＿，＿＿‖＿＿‖＿＿。＿＿‖＿＿，＿＿‖＿＿‖＿＿。＿＿‖＿＿‖＿＿、＿＿、＿＿，＿＿‖＿＿‖＿＿，＿＿‖＿＿。

（三）以高级汉语水平的留学生为例

信息转换教学法还可以按照双向贯通的思想，读、听、说、写四种言语能力可以两两搭配，进行训练，而不只限于读、听、说、写这一单一的先后转换模式。如果把读写符号看作视觉性的，把听说符号看作听觉性的，那么，按照输入信息先于输出信息的思想原则，就可以建立两两转换模式，如下表：

表 9—2　　　　　　　　　**言语能力转换与信息形式转换对应**

言语能力转换	信息形式转换	训练方式
从读到写	从视觉输入到视觉输出	看图作文/缩写/扩写/综述/摹写/阅读理解等
从读到说	从视觉输入到听觉输出	看图说话/朗读/复述/讲解/背诵等
从听到说	从听觉输入到听觉输出	听后复述/听后回答/跟读等
从听到写	从听觉输入到视觉输出	听后作文/听写/听后填写缺位词/听力理解等

下面以"读"转换为"写"为例，来说明如何把"读"与"写"结合起来进行训练。"读"是通过视觉器官眼睛输入视觉信息，"写"是通过书写器官手输出视觉信息，视觉信息不仅包括语言性的文字信息，还包括非语言性的图画信息。常用的看图作文就是将读转换为写的训练方式。针对汉语水平不同的留学生所展示的图画信息是相同的，但可通过不同的提示性文字信息和写作要求来训练和检测学生将所"读"的视觉信息转换为"写"的文字信息的能力。

比如，以漫画《重男轻女》为例，我们要求中级班学生写一篇记叙文，提供以下文字信息。整体结构：孩子出生前与出生后丈夫、公公、婆婆的各种变化；叙述视角：家庭成员之一；句法结构：把……倒进……里、把……撕了、把……扔在……上；生词：怀孕、伺候、奶瓶、垃圾桶、愁眉苦脸、鸡鸭鱼肉等。

要求高级班学生写一篇议论文，所提示的信息是通过叙述图画内容，说明社会重男轻女在不同领域，如就业、薪水、婚姻、政治、教育等方面的表现，结合本国实际，分析重男轻女现象产生的原因，谈谈自己对这种现象的认识，并就如何解决这一社会问题给出自己的措

重男轻女

施和方案。这样，我们就可以把接收语言信息的能力（读和听）与输出语言信息的能力（说和写）两两结合起来形成组合形式多样的训练检测手段。

总的来说，在语言理论上，传统的语音中心论和文字中心论都只看到了语言信息负载形式的某一方面，我们不应该在历史产生先后上厚语音薄文字，也不必在对时空的超越性上厚文字薄语音。语言作为一种现实存在的具有一定意义的符号系统，离不开语音和文字这两种负载形式，可以说，语音是负载语言意义的听觉符号，而文字则是负载语言意义的视觉符号，在指示语言意义这一点上，二者具有同样的功能和平等的地位，以此为基础，我们提出了"言文并重、言文转换"的言文合一的新言文观。

在教学实践上，基于语音中心论和文字中心论的教学理论，在指导教学时会造成留学生言语能力的发展不平衡，前者导致听和说好于读和写，即瞎子汉语；后者造成读、听、说、写依次递减，即聋子汉语和哑巴汉语。它们都不能单独成为指导对外汉语教学的理论，而以言文合一的新言文观为理论基础的信息转换教学法，能够在语言信息的输入、输出中通过语言信息形式的转换充分调动语言器官的使用频率，从而达到使四种言语能力共同提高与平衡发展的教学目的，从而使学生在适度的心理紧张度中很快形成良好的汉语语感。

【参考文献】

[1]［德］埃德蒙德·胡塞尔：《现象学的观念》，倪梁康译，上海译文出版社 1986 年版。

[2] 邓懿：《汉语初级教程》第一册，北京大学出版社 1993 年版。

[3] 李海林：《语言的隐含意义、语感与语感教学》，《语文学习》1992 年第 10 期，第 13—16 页。

[4] 吕必松：《对外汉语教学概论》，北京语言文化大学出版社 1996 年版。

[5] 吕叔湘：《中学教师的语法修养》，《中学语文教学》1984 年第 10 期，转载《吕叔湘全集》第十一卷，辽宁教育出版社 2002 年版，第 149—155 页。

[6] 邵敬敏：《汉语语法的立体研究》，商务印书馆 2000 年版。

[7] 盛炎：《语言教学原理》，重庆出版社 1990 年版。

[8] 王培光：《语言教学中的语感因素》，《语言教学与研究》1999 年第 3 期，第 107—116 页。

[9] 王尚文：《语感：一个理论和实践的热点》，《语文学习》1993 年第 3 期，第 2—5 页。

[10] 夏丏尊、叶圣陶：《文心·语汇与语感》，《实用语文教学词典》，天津教育出版社 1980 年版。

[11] 邢公畹：《论"语感"》，《语言研究》1981 年第 1 期，第 15—19 页。

[12] 阎立钦：《语文教育学引论》，高等教育出版社 1996 年版。

[13] 杨惠元：《汉语听力说话教学法》，北京语言学院出版社 1996 年版。

[14] 杨寄洲：《汉语教程》第二册（下），北京语言文化大学出版社 1999 年版。

[15] 赵春利：《谈对外汉语语气教学》，《暨南大学华文学院学报》2003 年第 1 期，第 19—26 页。

[16] 赵春利、杨才英：《言语行为中语感的逻辑界定》，《长江学术》2002 年第 1 期，第 210—219 页。

[17] 赵春利、杨才英：《语感问题与第二语言信息转换教学法》，《现代中国语研究》2002 年第 4 期，第 131—142 页。

[18] 赵艳芳：《认知语言学概论》，上海外语教育出版社 2001 年版。

[19] 张德禄：《功能文体学》，山东教育出版社 1998 年版。

[20] 朱德熙：《从作文和说话的关系谈到学习语法》，《语文学习的基础》，商务印书馆 1980 年版，转载《朱德熙文集》第 4 卷，商务印书馆 1999 年版，第 303—307 页。

[21] Banich, M. T. *Neuropsychology*: *The neural bases of mental function*. Boston: Houghton-Mifflin, 1997.

[22] Bigler, E. D. The neurobiology and neuropsychology of adult learning disorders. *Journal of Learning Disabilities*, 1992, 25, 488 – 506.

[23] Casanave, C. P. Comprehension Monitoring in ESL reading: a neglected essential. *TESOL Quarterly*, 1988, 22/2: 283 – 302.

[24] Chomsky, Noam. *Rules and Representations*. Oxford: Basil Blanckwell, 1980.

[25] Chomsky, Noam. 1993. A minimalist program for linguistic theory. In Kenneth Hale and Samuel Jay Keyser, eds. , *The View from Building Twenty*. Cambridge, Mass: MIT Press, 1993, pp. 1 – 52.

[26] Clark, E. V. *Awareness of Language*: *Some evidence from what children say and so*. In A. Sinclair, R. J. Jarvella, & W. J. M. Levelt (Eds.), *The Child's Conception of Language*, New York: Springer-Verlag, 1978.

[27] De Villiers, P. A. & de Villiers, J. G. Early Judgements of Semantic and Syntactic Acceptability by children, *Journal of Psycholinguistic Research*, 1972, 1, 299 – 310.

[28] Halliday, M. A. K. *Language as Social Semiotic*: *The Social Interpretation of Language and Meaning*. Edward Arnold Publishers, 1978.

[29] Heine, Bernd. *Cognitive Foundations of Grammar*, Oxford University Press, 1997.

[30] Lamb, Sydney M. *Pathways of the Brain*. John Benjamins Publishing Company, 1999.

[31] Lamarck, J. B. 1809. Philosophie zoologique. Zoological Philosophy (English edition) Elliot, H. (Translator) . London: Macmillan, 1914.

[32] Piaget, J. *The Principles of Genetic epistemology*. London, Routledge & Kegan Paul, 1972.

[33] Scovel, Thomas. *Psycholinguistics*, Cambridge University Press, 1998.

[34] Sinclair, A. Thinking about Language: An interview study of children aged eight to eleven. *Osnabrucker Beitrage zur Sprachitheorie*, Germany: Universitat Osnabruck, 1981, 20, 44 – 61.

[35] Stuart-Hamilton, I. The role of phonemic awareness in the reading style of beginning readers. *British Journal of Psycholinguistic Research*, 1986, 16, 369 – 382.

本章部分摘自《语感问题与第二语言信息转换教学法》，与杨才英合作发表于《现代中国语研究》2002 年第 4 期，第 131—142 页。

部分摘自《谈信息转换教学法的言语转化率问题》发表于《语言研究》2002 年特刊，第 213—218 页。

部分摘自《试论对外汉语教学中"忆读"的方法与功能》发表于《暨南大学华文学院学报》2004 年第 2 期，第 26—32 页。

部分摘自《基于新言文观的对外汉语教学研究》与张皓得合作发表于《三重证据法：语言·文字·图像》（孟华主编），吉林大学出版社 2009 年版，第 174—189 页。

第十章 语感训练的团队教学

本章主要探讨了中国汉语教师在韩国教汉语时如何通过韩中汉语教师的团队教学结合韩国教学实际进行汉语口语语感训练。首先，介绍了掌握学生口语水平的必要性和基本方法，并进行分级处理；其次，从教学本质的认识、教学内容的编排、教学节奏的掌握和教学要求的调节四个方面谈了如何把握口语教学的整体思路；最后，从课件制作、训练过程、跟读复述能力和表达能力的培养四个方面叙述了口语训练的具体过程，从 10 多年的教学经验来看，这种旨在培养语感的口语训练的方案不仅可行而且高效。

在韩国汉语教学中，团队教学（王一平、梁万基，2002：106）①在韩中汉语教师分工合作进行汉语教学上具有极高的创新意义。它既能使韩国汉语教师在讲解词汇和语法等知识上发挥韩国语优势，也能使中国汉语教师在训练口语和听力等能力上发挥汉语优势，从而真正达到使学生先正确理解后系统操练，循序渐进地提高汉语读、听、说、写能力的目的。

那么，中国汉语教师在团队教学中如何进行口语训练并迅速提高学

---

① 本章所说的"团队教学"是指王一平和梁万基（2002：106）提出的"合作教学"概念。王一平、梁万基认为："所谓合作教学（team teaching）模式是指由中韩汉语教师组成一支教学 team（团队），在选定所要教学的内容之后，两国教师针对共同的教学内容，分别发挥各自的特长：韩国教师熟悉韩中两种语言的差异，可以对两种语言进行比较，并用学生的母语——韩国语进行适当的讲解和说明，使学生易于理解；而中国教师则可以在学生已经理解的基础上，凭借自己的母语优势，引导学生对已经熟悉的语言材料用汉语进行充分而富有交际性的操练。两国教师扬长避短，分工合作，共同完成讲解、操练这一教学过程。"

生的口语表达能力呢？我们根据韩国团队教学的基本原则，并结合韩国学生的实际情况和我们的教学实践，试图从了解学生口语的实际水平、把握口语教学的整体思路、详解口语训练的具体过程三个方面说明团队教学中口语课的教学方案（王一平、梁万基，2002：111）①。

第一节　掌握每个学生的汉语口语水平

一　了解学生汉语水平的必要性

初来韩国从事汉语教学的中国教师开始都有一种无所适从、无处着手的茫然感。中国汉语教师的首要任务就是：在来韩后一周到三周内摸清学生的实际汉语水平。之所以这样做，是因为：

首先，从教学语言上说，中国教师需要根据学生水平调节教学语言的难易程度。只有在了解了学生的整体汉语水平的基础上，中国教师才能从用词、用句、长短、语速上调节教学语言的难度，使其适合学生的水平。如果教学语言超过大多数学生的接受能力，时间长了，学生就会不知所措，对自己学习汉语的能力表示怀疑，从而使学生学习汉语的积极性和热情受挫；如果教学语言太容易，时间久了，学生也会觉得学无所获而失去学习的兴趣。每学期的前几周，教师一定要做到"字正腔圆、词语简单、语句简短、宁慢毋快"。可以说，掌握教学语言的难易程度确实是一门教学艺术。

其次，从教学内容上说，中国教师需要根据学生水平编排教学内容的难易程度。无论从教学内容的多媒体展示方式上、从教学内容的重新组织上，还是从教学内容的扩展自编上，都应该立足于大多数学生的可接受水平，教学内容的不足或者过多，都会影响到教学效果和学习效果，这就是教育学所遵从的"跳一跳，摘到桃子"的原则。

---

① 本章主要讨论初级、中级阶段的口语课教学方案。我们认为团队教学很适合用于初级、中级阶段的汉语教学。"合作教学模式最有效、也最适用于初级汉语教学阶段（相当于大学一年级），中级汉语教学阶段（相当于大学二年级）时也比较适用"（王一平、梁万基，2002：111）。

最后，从教学要求上说，中国教师需要根据每个学生的不同水平提出与之相对应的教学要求，比如，设计难度不同的问题，让水平低的学生回答容易的问题，而让水平高的学生回答难的问题，教师应该以"鼓励诱导为主，批评比较为辅"，提高学生的开口率，这样既能增强学生的成就感，减少挫折感，也能通过难易不同的问题测试学生的进步程度，从而使教学做到有的放矢、因材施教。

此外，教学方法的运用、教学进度的安排、教学节奏的快慢、教学效果的考虑等都需要根据学生的汉语水平做出调整和变化，当然，整个班级的汉语水平以及每个学生的汉语水平不是静止不变的，而是动态变化的。中国教师还要通过教学语言随时掌握这些变化，并随时调整教学活动。可以说，只有"知己知彼"，才能起到"事半功倍"的效果。另外，经常与团队中的其他教师特别是韩国教师进行交流讨论，更能全面深入地了解学生的汉语水平。只有充分掌握了教学对象的基本情况，中国教师才能更好地设计整个教学过程，以期达到变"学生不会说"为"学生会说"、变"要学生说"为"学生要说"的目的。

二　了解学生水平的方法与分级

语言能力是一种集"听、说、读、写"为一体的综合能力。因此，对学生口语水平的掌握应该以学生"听、说、读、写"的整体水平为基础，既要把握班级的整体汉语水平，也要掌握每个学生在整个班级中的相对水平。

通过以下方法，可以尽快地了解学生的汉语水平。a. 让学生朗读生词课文，主要了解学生的读音能力（声母、韵母、声调、变调、语速）和识字能力；b. 让学生回答难度不同的问题，主要了解学生的听力理解能力和会话反应能力；c. 听写词语和句子，主要了解学生的汉字书写能力（笔顺、速度、正误）和听力；d. 听后复述，主要了解学生的听力理解能力、情景模拟能力、记忆能力和表达能力；e. 看图说话，主要了解学生的语言组织能力和表达能力；f. 作文，主要了解学生的写作能力。此外，通过较为严谨的 HSK 试题测试和随意的日常会话等，也可以了解学生的汉语水平。总之，中国教师应该通过各种途径准确、全面、迅速地了解整个班级和每个学生的汉语水平，特别是那些听、说、读、写能力不平衡的学生。

根据每个学生的汉语水平，可以确定整个班级的整体水平，然后再确定每个学生在整个班级中的相对水平，编成高、中、低三个水平等级，制作一个初步的相对水平等级名单。另外，还要在名单旁边注明每个学生的不足之处，比如，汉字、韵母、声调、听力、会话等，甚至具体到某个韵母、某个声调。可以说，这个标有不足之处的相对水平等级名单，为汉语教师使用教学语言、编排教学内容、提出教学要求、选择教学方法、控制教学进度、调节教学节奏、考量教学效果等提供了重要的参考标准。

值得注意的是：这只是一个初步的相对水平等级名单。因为随着汉语教学进程的发展，不同等级的学生会因智力水平、记忆能力、学习态度、学习方法以及一些其他因素的差异，每个学生的汉语水平也会发生变化，所以汉语教师要根据学生的汉语水平的变化及时调整水平等级名单。也就是说，学生的汉语水平是变化的，因此，汉语水平等级名单也是动态的，而不是静态的。教师可根据每个学期的前期、中期和后期三个阶段来标记每个学生的汉语水平等级升降，并最终根据每个学生的绝对汉语水平、进度的快慢和幅度，给出一个合理的成绩等级和水平评价，使成绩考量既考虑了原有的学习基础，又注重了现有的学习进步。

第二节　把握口语教学的整体思路

一　深入认识口语教学本质

本质上说，口语就是口头表达能力，口语教学就是培养口头表达能力的教学。但是，作为第二语言的汉语教学，学生的口头表达能力既不是生来就有的天生语言能力，也不是与精读、听力、写作毫无关系的孤立的语言能力。

第一，从信息传输方向来看，"读、听"与"说、写"是对立的，读和听是接收并理解外在信息的能力，而说和写是发送并表达内在信息的能力。在第二语言教学中，表达能力是以理解能力为基础和前提的，没有理解能力就不可能形成第二语言的表达能力。所以说，要培养学生的口语表述能力，首先应该培养学生的精读理解能力和听力理解能力，这也是韩中汉语教学进行团队教学的深层意义。

第二，从信息传输方式上看，"读、写"和"听、说"是不同的，读和写的信息传输方式是视觉符号——文字，而听和说的信息传输方式是听觉符号——声音。由于视觉符号的空间性，比听觉符号的时间性具有可回溯的优越性，因此，要培养学生的听说能力，首先要培养学生的精读和书写能力，特别是精读能力。

第三，从能力高低的现状看，在第二语言教学中，普遍存在着这样的现实：理解能力高于表达能力，对视觉符号的掌握水平高于对听觉符号的掌握水平（阎立钦，1996：219）①，即"精读" > "听力" > "口语" > "写作"。

第四，从口语能力形成上看，学生的口语表达能力，是以精读和听力这两种理解能力为前提和基础的，学生对听觉符号的掌握，又是以对视觉符号的掌握为基础的。一般来说，学生的精读能力高于听力，听力高于口语。也就是说，学生通过精读所能理解的信息量，比听力所能理解的信息量还高，通过听力所能理解的信息量，又高于口语所能表达的信息量。因此，我们认为，要培养学生的口头表达能力，就应该想办法把学生已经掌握的精读信息转化为听觉信息，再把听觉信息转化为口语信息。这样，口语表达能力就会伴随精读和听力的提高而进步。在精读所理解的视觉信息转化为听力所理解的听觉信息，并进而转化为口语信息所表达的听觉信息的过程中，既有一个"先理解后表达""先输入后输出"的信息传输变换过程，也有一个从"输入 A 和 B，输出 A 和 B"的机械方式到"输入 A 和 B、输出

---

① 人类的感官对外在信息的接收能力是有差异的。人所获得的知识，来自视觉的占 60%，来自听觉的占 20%。因此，我们进行汉语教学时，首先要充分利用学生的视觉培养学生的阅读能力，然后再把学生阅读所获得的大量信息转化为听觉信息和口语信息，从而形成学生的听说能力（阎立钦，1996：219）。

AB 或 BA"重组方式的口语能力形成过程。那么，口语教学就是要通过有效的组织教学内容，把学生的精读理解能力和听力理解能力转化为口头表达能力。

二　合理编排口语教学内容

口语教学内容的编排，应该根据学生已有的精读理解能力和听力理解能力来进行口语表达能力的训练，但口语教师必须了解学生的精读和听力水平。因此，口语教学内容的展示过程，就是从"读"到"听"再到"说"的过程。主要遵循以下原则。

首先，动态展示教学内容，即教学内容的动态性和抽象性原则，也就是将教学内容编排成由易到难、由视觉符号到听觉符号的过程。汉语教师要在逐渐淡化视觉信息的过程中强化听觉信息。无论教学内容是拼音、词语、句子、对话还是语篇，都应该以阅读为起点，以听和说为操练过程。在视觉信息逐渐消失的过程中，通过学生记忆和模仿，将精读信息转化为听力信息和口语信息，将精读的"读"转化为口语的"说"。视觉信息递减而听觉信息递增的这一过程，口语教师可以借助黑板板书展示出来，也可以通过投影仪将教师制作的 PPT 投射到屏幕上。下面以初级阶段会话课文为例：

第一步，全拼音、全文字信息。

```
      nǐ  zuìjìn  gōngzuò  máng  ma
A：你  最近   工作    忙   吗?
      bú  tài  máng  nǐ  ne
B：不  太   忙。你  呢?
      wǒ  hěn  máng
A：我  很    忙。
```

第二步，部分拼音、全文字信息。

```
        nǐ  zuìjìn  gōngzuò
A：你  最近  工作  忙  吗？
        bú  tài  máng
B：不  太  忙。  你  呢？
        wǒ  hěn
A：我  很  忙。
```

第三步，无拼音、全文字信息。

```
A：你  最近  工作  忙  吗？
B：不  太  忙。  你  呢？
A：我  很  忙。
```

第四步，无拼音、部分文字信息。

```
A：你  最近  工作____？
B：不  太  忙。____？
A：我  很____。
```

第五步，无拼音、无文字信息。

```
A：____？
B：____。____？
A：____。
```

第六步，无拼音、无文字信息。

```
A：
B：
A：
```

其次，合理编排教学内容，即教学内容的实用性和创造性原则。中国汉语教师根据学生已掌握的词语、句法，并结合学生的汉语水平和生活实际，重新替换、编排教学内容。适度而科学地重新编排教学内容，有利于学生将理解能力转化为表达能力，并提高学生的复述能力和表述能力。

编排教学内容有很多方法，其中最简单的方法是替换，先看原文：

> 我介绍一下我们学校，我们学校很大，有很多中国学生，也有不少留学生。欢迎你们来这儿学习，希望你们喜欢这儿。

很明显，这段话的叙述视角是中国教师在中国向来中国留学的学生做出的介绍，不符合在韩国学习汉语的韩国学生的生活实际，因此，我们可以让学生替换如下：

> 我介绍一下济州汉拿大学，济州汉拿大学不大，有很多韩国学生，也有不少中国留学生。欢迎你们来这儿学习，希望你们喜欢这儿。

最有效的方法，就是中国汉语教师可综合学生已掌握的多种句型重新组合语篇，逐步培养学生的成段表达能力。以下就是我们根据学生已掌握的词语自编的教学内容，作为教材的一个补充，在课堂教学中随课附加。

> 你们好，我是一年级 A 班的学生，我姓李，我叫李浩。我介绍一下儿我们班，我们班有四位老师，一位中国老师，三位韩国老师。他们都很好，我们很喜欢他们，他们也很喜欢我们。我们班有三十四个学生。我们都是韩国人，我们学习汉语。我们很喜欢学习，也很喜欢玩儿，我希望我们学好汉语。

　　最后，形象激活教学内容，即教学内容的生活性和形象性原则。汉语教师要尽量通过与教学内容有关的场景、实物和画面来激活教学内容。学生在操练和复习的时候，教师要把教学内容与学生所熟悉的生活场景联系起来，通过实物、挂图或者在黑板上画画激活教学内容，通过所学的教学内容引导学生叙述场景或者画面上的内容。多媒体教学的运用，大大地丰富了画面内容，汉语教师可以通过网络直接把与教学内容有关的画面大量地展示出来，便于学生形成感性认识。比如，学到长城、天安门、黄山、孔子、瀑布、悬崖、交通事故等词语，我们就可以运用网络把相关画面展示出来，增强了教学的形象性和趣味性。

三　适当控制口语教学节奏

　　教学节奏，是指课与课之间的衔接模式以及课内活动的时间分配。一方面，在课与课之间的衔接上，应该做到连环式衔接，比如，学习第二课的时候，应该复习第一课（包括听写句子、复述课文、回答问题、检查练习），学习第二课（包括复习生词、操练对话、布置练习），预习第三课（包括朗读生词、领读对话、检查效果等）。这样学习第二课的时候，包括了第一课、第二课和第三课的内容。同样可以类推，在学习第三课的时候，也包括了第二课、第三课和第四课。这种连环式衔接，能保证每一课在预习、复习、学习中至少出现三次，有利于巩固教学效果。另一方面，在课内五十分钟的时间分配上，也应该讲究张弛有度、快慢结合。大体上说，汉语教师要用十五分钟来复习上一课（其中，听写属于集体检查，而复述课文、回答问题可采用集体、小组和个人结合的方式），用二十五分钟来学习新课（其中，操练对话多采用个人、小组和集体交叉进行，张弛结合，让学生既积极又紧张），用十分钟预习下一课（主要是简单地朗读生词和课文，以便于学生自己进行操练）①。

----

　　①　这里所说的预习是就"口语训练"这一独立的课程来说的，即要预习的课文是尚未进行口语操练的课文；根据团队教学的合作原则，其实，团队中的精读和词语老师已经把口语课要预习的课文提前讲解了，所以对学生来说，也是一种复习。

四 灵活确定口语教学要求

所谓灵活的口语教学要求，是指汉语教师要根据对每个学生的汉语水平的了解和分级，提出不同的教学要求。由于每个学生有着不同的学习经历、学习态度、学习目的以及学习能力，韩国学习汉语的学生，其水平往往参差不齐、高低不一。如果按照同一个教学要求进行操练、测试和考核的话，那么，可能会使相当一部分学生学习压力太大，时间长了会挫败他们学习的积极性和热情。因此，汉语教师在编排教学内容时要注意难易结合，在进行操练时要注意因材施教，让水平低的学生回答容易的问题，让水平高的学生回答难的问题。这样老师提出的问题就有了针对性，使每个学生各有所获，既能学到东西，又能锻炼能力，还能保持一种成就感，帮他们树立学习的信心。

在教学态度上，汉语教师要以鼓励学生开口为主，不要经常在学生之间进行横向比较，而是要纵向地看某个学生与以前相比有无进步，有则鼓励表扬，无则降低所提问题的难度（李滢镐，2003：138）①。

汉语教师还要根据某个学生的进步情况，及时提高教学要求，否则学生容易产生自满心理，尤其是那些有一定汉语基础的学生，汉语教师要通过提高难度使他们认识到自己的不足，从而确定努力的目标。

总之，通过教学要求的调节，伴随教学内容难易程度的变化，使每个学生在学习心理上产生一定的成就感，树立信心，同时还能认识存在的问题，树立新的努力方向。

---

① 中国教师在课堂教学时应该关注韩国学生的学习心理障碍和学习态度，正如李滢镐（2003：138）所言："一般韩国学生自尊心很强，缺乏自信心，学生不发言的主要顾虑是怕错，怕别人笑……所以基于这种心理，要找到根本的对策，运用各种有效的方法，帮助他们克服学习心理障碍，勇敢地开口，尽可能地把所学的各种书面汉语知识转化为汉语口语表达的能力。"

第三节 详解口语训练的具体过程

一 精心制作口语教学课件

汉语教师可以把教学内容制作成视觉信息逐步减少的 PPT 课件，并通过多媒体投影仪投射出来。当然，如果没有多媒体教学设备，也可以在黑板或白板上书写，并在教学过程中逐渐擦掉视觉信息，这同样可以起到将教学内容的难度从低到高逐渐递增作用。

下面我们以中级水平的语篇《司马光砸缸》为例（词语、句子、对话等都可以采用这种形式）详述口语训练的具体过程以及使用的训练策略。口语教师上课前要把该语篇制作成 PPT 课件或把语篇写在黑板上。

第一步，全文字信息。

板书信息（1）：

有一天，司马光和小朋友们①在院子里玩儿，院子里有一口大水缸，水缸里装满了水。他们玩得正高兴的时候，一个小朋友不小心掉进水缸里去了。一个小孩看见了，就大声喊了起来："救人啊！救人啊！有人掉进水缸里去了。"有的孩子吓得哭了起来。司马光看到这种情况，很快想出来了一个好办法。他连忙搬起一块石头，跑了过来，向水缸砸去，一下子把水缸打破了。水缸里的水都流了出来，掉进水缸里的小朋友得救了。看到从水缸里爬出来的小朋友，大家都笑了……（杨寄洲，1999：145）

---

① 之所以把部分汉字加下划线，有两个目的：一是通过对比，容易吸引学生注意下划线汉字，就像"万绿丛中一点红"一样，一般人都会被对比明显的事物所吸引；二是提醒学生，加下划线的汉字接下来就要删除了，你应该记住。

教师讲解视觉信息并把视觉信息听觉化，就是对语篇的结构、语法进行分析，然后范读、领读。一方面，在范读、领读的时候，教师通过讲解不仅要使学生掌握语音方面的音调、停顿、重音和句调，结构方面的衔接、连贯、省略、指称、配价等，语义方面的概念意义、语篇意义和人际意义等语篇的各个层次意义。像声调"xiǎo péng yǒu"，句内停顿用（‖）标出来，"想出来"的引申义等；而且还要借助与语篇有关的实物、手势语、体态语或者在黑板上画画儿等方法增强语篇内容的形象性、可感性，把抽象的言语信息转化为具象的生活内容，以拉近语篇内容与学生生活的距离，使有关语篇内容的语言结构和功能生活化的同时，也促进学生把自身的生活场景语言化。另一方面，教师应该抓住主要的语法点讲清讲透，语法教学可以提高留学生的语感，促进语感的系统化。例如，上述语篇的语法主要是复合趋向补语。教师应该把趋向补语的本义和引申义讲清讲透，复习状态补语和"把"字句。

第二步，循序渐进地删减视觉信息，领读、朗读视觉信息并补充听觉信息。

> **板书信息**（2）：
> 　　有一天，司马光‖＿＿＿‖在院子里玩儿，院子里‖有＿＿大水缸，水缸里‖装＿＿水。他们玩得‖正高兴的时候，一个小朋友＿＿＿‖掉进水缸里去了。一个小孩＿＿＿，就＿＿＿喊了起来："救人啊！救人啊！有人掉进＿＿＿去了。"有的孩子吓得‖＿＿＿起来。司马光看到＿＿＿，很快想出来了‖＿＿＿。他连忙搬起‖＿＿＿，跑了过来，向＿＿＿砸去，一下子把水缸‖＿＿＿。水缸里的水‖都＿＿＿出来，掉进水缸里的‖＿＿＿得救了。看到从＿＿＿‖爬出来的小朋友，大家都＿＿＿……

教师在领读中逐步淡化视觉信息量，相应地增加了听觉信息量：就是逐步减少学生熟知的视觉言语和非言语信息（包括先淡化视觉文字信息，后淡化视觉动作、实物、画面等非文字信息），每次的信息淡化量，要根据学生的记忆力、已知信息量、语篇内容的熟知程度和抽象程度等来确定，保证学生能把被淡化的信息量内化并能复述出来，以免缺失信息过于困难造成学生过于紧张而失去学习的信心。

板书信息（3）：

有一天，司马光‖＿＿＿‖＿＿＿玩儿，院子里‖有＿＿＿，水缸里‖装＿＿＿。他们玩得‖＿＿＿，一个小朋友＿＿＿‖掉进＿＿＿去了。一个小孩＿＿＿，就＿＿＿喊了起来："救人啊！＿＿＿！有人掉进＿＿＿去了。"有的孩子吓得‖＿＿＿。司马光看到＿＿＿，很快＿＿＿‖＿＿＿。他＿＿＿搬起‖＿＿＿，跑＿＿＿，向＿＿＿，一下子‖＿＿＿。水缸里的水‖都＿＿＿，掉进＿＿＿‖＿＿＿得救了。看到从＿＿＿‖＿＿＿，大家都＿＿＿……

淡化视觉信息量和增加听觉信息量同时进行，当听觉信息达到一定程度，例如，达到 60% 时，也要淡化听觉信息，以减少学生对听觉信息的依赖性。前面是指视觉文字教学信息和视觉非文字提示信息的减少，以及听觉教学信息的重复性增加，以后逐步减少听觉教学信息，而增加有关语篇的听觉启发刺激信息。例如，学生在复述表达时，教师可以相应地提出：司马光和谁在哪儿玩儿？院子里有什么？一个小朋友怎么样了？诸如此类的相关提示性问题。这样可以使陈述性语篇变成交际性对话的信息形式，由此淡化了读、听、说、写的差异，转化了信息存储形式，有利于学生在较短的时间内掌握新信息，内化新旧信息所携带的音、形、义，形成较好的语感能力。

板书信息（4）：

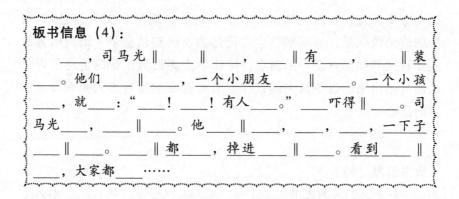

在这个阶段，教师由领读到提示读再到启示读是一条逐步延伸的线。这也是视、听、读教学法的具体运用阶段。学生在视觉信息和听觉信息的变动中，借助剩余视觉信息的提示、教学听觉信息的刺激、相关听觉信息的启发，在视、听、说混杂中复述教学信息。

第三步，巩固、检测、扩展听觉信息，通过复述和回答问题逐步扩展到口语信息。

板书信息（5）：

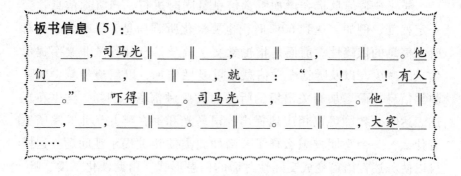

教师的领读应该达到两个目的：一方面，教师读出来的信息就是留学生的听觉信息，它既可以把剩余视觉信息与已经淡化的视觉信息联系起来，使语篇在信息量上保持完整；又可以在视觉信息量的减少中，增强对学生听觉语感的冲击力度。另一方面，由于听觉信息比视觉信息更难以把握，很多学生在听力训练中，长期听不懂会使他们失

去信心。而基于已知视觉信息基础上的听觉信息的重复、提示和刺激，既能迅速把读的信息转换为听的信息，从而增强学生的自信，减少学生的恐惧心理，也使学生在努力地抓住听觉信息并力图将听觉信息与视觉信息连接起来的过程中，有一定的心理紧张度。

教师领读和学生复述是课堂教学的外在教学形式，教学视觉信息和听觉信息的变动是课堂教学的外在教学手段；而视觉信息、听觉信息、口头信息的内化和转化却是这一过程的内在动力，它把学生的诸种心理技能（想象力、理解力、记忆力等）和已有的知识结构及其信息量都充分调动起来。教学新信息与旧信息结合的过程就是借助"读和听"把信息输入大脑的过程，同时也是信息口头化、巩固化的过程，因为这个过程始终伴随着对新旧信息的"说"甚至"写"。

第四步，删除全部视觉信息，将听觉信息与口语信息以及书写信息结合起来。

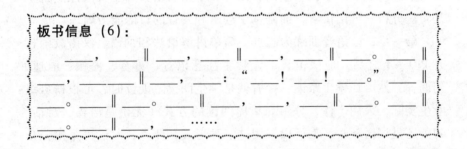

无论在随着视觉信息量递减和听觉信息量递增而视觉信息向听觉信息转化的过程中，还是在教学听觉信息的减少、启发式听觉信息的增加、视觉填空的朗读过程中，我们可以看到：读（口头表达—跟读或朗读）都是贯穿始终的训练方法。特别是在无视觉信息的视觉填空朗读过程中，学生的听、说、读都会在各种形式的信息变化中得到训练。学生所学的诸种语言的要素（语音、词汇、语法）就会在训练中与自身的已有知识结合而得到内化，学生的语感能力也在变换信息的不同存储方式中不知不觉地得到培养。当然，在实际教学中，领读和朗读可以互相穿插进行；如果语篇的内容和言语形式难度较大，也可以根据学生的水平调整视觉信息量的多少；当视觉信息量减少到零（如上），视觉信息量完全转化为听觉信息量，并且学生在无视觉信息的提示下仍然能按照口语语速（每分钟 75—120 个字）朗读（说）出全部视觉内容时，学生的读、听、说能力以及语感能力就会得到提高。

另外，教师可以根据语篇内容设计问题，让学生随即回答出来（听读法），教师的问题可以检验测试学生信息的内化程度、表达的流畅度和语义的理解度；也可以提供与所学语篇内容相似或相关的语境让学生描述一下，以扩展学生运用所学信息陈述表达有关的生活信息。例如，介绍生活中的一件意外的小事。

二　实时掌控口语操练过程

根据团队教学的分工原则，韩国汉语教师已经使学生理解了该语篇的语法要点，并掌握了生词，因此，中国汉语教师主要关注点就不是句法分析、词语讲解，而是基于理解和发音的口语能力训练。

第一步，以语音训练为起点，简单讲解语法和词语。汉语教师打开 PPT - 1 之后，应该范读，让学生注意语音、重音、停顿、语速、句调等，然后让学生跟读，接着就是学生朗读。朗读时，可根据班级学生实际，采用个体、分组和集体朗读的方式（无论是语篇、对话、句子还是词语教学，都可以采用这三种形式，此外，对话可采用分角色训练方式）。朗读以后教师要注意纠正发音错误，突出语音难点，比如，guāng（光）、huāng（慌）、gāng（缸）。口语教师应该将语篇的语法重点和词语难点给予简单的讲解和示范。比如，应该讲解一下语篇中"掉进……去、爬到……去、流出来"等复合趋向补语，并动作示范"爬、举、砸、使劲儿"等动词。但要控制时间，最好在三四分钟内解决问题，避免拖沓，上成语法课或词语课。个别学生的问题可到课下单独讲解。

第二步，以师问生答为模式，了解学生理解语篇的情况。口语教师可根据语篇内容和学生水平，设计不同难度的问题让个别学生来回答。当然，也可采用分组或集体等形式。设计问题时，口语教师可参考课后练习中的问题。这种"课文问题课时处理"的方法可以避免枯燥机械的一问一答模式，使学生于不知不觉中掌握课文内容。比如，可以提出以下问题：

> 这个孩子叫什么名字？他跟谁玩儿，在哪儿玩儿？花园里有什么？水缸里有什么？有个小朋友爬到哪儿去了？发生了什么事情？别的小朋友怎么办？司马光怎么办？缸里的水怎么样了？掉进缸里的孩子怎么样了？等等。

通过这些提问，了解不同水平学生的理解程度。值得注意的是，师问生答并不是只在教学开始阶段进行，而是随着视觉信息的删减，贯穿口语训练的整个过程。比如，学生在朗读视觉信息缺失的部分时，有的会读错，有的会思考一下。这时，老师可以通过打岔法进行提示。老师可以说：司马光跟几个小朋友在（公园里/校园里/动物园里/植物园里/幼儿园里/花园里等）玩儿。这样，学生马上就可以进行选择并作出肯定或否定的表示。当然，老师也可以通过手势、眼神、实物、图画等直接提示缺失的内容[1]。

第三步，以图画动作为辅助，帮助学生勾勒事件过程。口语教师可以简单地把教学内容画在黑板上，也可以通过实物和动作表演表现出来，还可以通过卡通漫画形象地展示事件过程，如输入网址 http://www.56.com/u19/v_ MTk0MDQwOTY.html 就可以看到《司马光砸缸》的动漫。这样可以极大地提高学生学习的兴趣和积极性，寓教于乐中使学生轻松掌握教学内容。在这方面口语教师可充分发挥自己的艺术和信息技术的特长。

第四步，以信息变化为主线，实时掌握学生的忆读能力（赵春利，2004）。口语教师，根据水平最低学生的理解程度和精读情况，

---

① 关于汉语教师课堂常用的非语言要素的分析，请参见孔丽华、金恩柱、梁万基（2005：43–53）和赵春利、唐娜、程晓丽（2016：19–26）。

把 PPT 从（1）依次变化为（2）（3）（4）等逐渐增加信息难度。随着信息难度的增加，教师可按照学生水平从低到高的顺序，逐级让学生精读信息或回答问题。换句话说，就是让水平低的学生忆读难度低的信息，让水平高的学生忆读难度高的信息。在这个过程中，教师可根据学生忆读情况，穿插进行教师领读、个别学生朗读、分组朗读、集体朗读、分角色朗读等各种形式的忆读活动（赵春利，2005：169 – 183）。通过教师的领读，及时用听觉信息填补缺失的视觉信息；同时，通过学生的跟读，使学生及时发现自己的不足。这样可以解决学生汉语水平参差不齐的难题，使每个学生都能学有所获，保持适度的心理紧张度，真正起到因材施教的作用。当然，由于每个学生汉语水平提高的速度不同，汉语教师也要根据学生水平的变化，及时调整所提问题的难度，以适应学生的水平。

第五步：以检查复习为方法，注重培养学生良好的言谈举止。口语教师在检查学生对教学内容掌握情况时，一般让学生坐着或者站着回答问题，只这样做是远远不够的。因为不少学生可能会作弊，偷看课文，或者别的同学会小声提醒等，这样的话就不能真实地反映学生的水平，长期这样会养成学生愉懒的习惯。因此，汉语教师应该让学生到教室前面，面对其他学生，进行分角色对话或者复述课文，教师要以鼓励为主，注意关键时刻的提醒。这不仅能真实全面地了解学生对教学内容的掌握情况，而且还能激发学生学习的热情，更为重要的是，汉语教师要对学生说话时的"仪表仪态"进行调整和提醒，塑造学生良好的言谈举止。

三　灵活操练跟读复述能力

除了从"读"到"听"到"说"这一训练顺序以外，口语教师还要训练学生边"听"边"说"的跟读能力和从"听"到"说"的复述能力。可以利用课文中的对话和语篇，但最好根据学生已经掌握的词语和语句，或者模拟已学过的对话和语篇，自编对话和语篇。根据韩国学生的实际生活场景，可自编以下对话：

韩国学生：你好！你是韩国人吗？

中国学生：不是，我是中国人。

韩国学生：你是老师吗？

中国学生：不是，我是留学生，我学习韩国语。

韩国学生：你学习怎么样？

中国学生：还行吧。

无论是跟读能力还是复述能力，训练的内容难度和长度都要适合学生的听力水平，训练时间不宜过长，控制在十分钟以内，且要注意及时检查和复习，以检测复述效果。

四 注重提高口语表述能力

学生要把通过精读和听力这两个渠道所获得的信息转述出来，但这只是一个记忆和存储的过程，是口语表达能力形成的起点，口语表达能力的形成，最终还要落实到对外在语境和内在思想的表述能力上。口语教师可以通过以下两种方法进行训练：

第一种方式，是学生参与到教师自编对话和语篇的过程中，让学生了解教师利用已学过的语句进行编辑的过程。教师可以通过语言、动作、实物、图片等设置一定的情境，让学生思考发生了什么事情，并试图表述出来。比如，教师可以让学生看小王家的一张全家福，然后让学生跟自己一起介绍。口语教师先开头：

我来介绍一下（谁家？）小王家，小王家有（几口人？）四口人，（他们是谁？）爸爸、妈妈、哥哥和他。他爸爸是大夫，今年（多大了？）五十四岁了，身体（怎么样？）很好，工作（怎么样？）很忙。他妈妈是老师，也（多大了？）五十四岁了，她身体（怎么样？）不太好。他哥哥是（做什么工作？）出租汽车司机，（多大了？）二十二岁了，有一个女朋友，还没有（怎么样？）结婚。小王是（做什么的？）大学生，（多大了？）十九岁了，他学习（什么？）汉语，每天都很忙①。

---

① 注意：括号内的问题都是汉语教师的提示性提问，目的是为了让学生把画线部分自己回答出来。

在这个过程中，口语教师一定要一边表述启发提问，一边通过手势把人数、年龄、身体状况、工作、职业等内容演示出来，借助启发尽量让学生独立完成画线部分。通过一两遍的启发，再让学生自己独立完成整个表述，汉语教师只通过手势按照表述的先后顺序给予提醒和帮助，这样学生自然而言就学会表述了。

第二种方式，就是教师参与到学生自编对话和语篇的过程中。教师应提前提供给学生与他们生活息息相关的具体情境、详细情节，还要提供关键词语、具体要求。比如，让学生描述一次旅行，要求学生说出：出发的时间、方式和地点，到达的时间和地点，吃饭的时间和地点，玩儿什么，看到什么，回来的时间，感觉怎么样等。教师一定要将要求细化、具体化。当学生通过个体、分组或者集体等方式完成对话和语篇后，教师要在课堂上跟学生一起进行修改。

总的来说，作为信息输出能力，口语表达能力，是以精读理解能力和听力理解能力这两种信息输入能力为基础的，先有理解接受能力才有表达能力。因此，口语训练不仅仅是一个简单地让学生把存储记忆的信息输出的过程，更为根本的是，要以从精读到听力再到口语这一顺序为训练主线，以"边听边说"的跟读能力和"先听后说"的复述能力为过渡，逐步培养学生独立地表达内心思想和外在情境的口语表达能力。我们10年的汉语口语教学经验已经证明：这种基于团队教学模式和思想的口语训练不仅是可行的，而且具有显著的教学效果。

第四节　团队教学的分工效果

韩国多年的汉语教学实践证明：注重充分发挥韩国汉语教师与中国汉语教师各自优势的团队教学，不仅能使韩国汉语专业的学生迅速准确地掌握丰富的汉语知识，而且也能使他们快速提高读、听、说、写、译等语言能力。学生汉语水平的极大提高，说明了用于第二语言教学的团队教学模式不仅是可行的，而且也是成功的。可以说，团队教学是目前最适合韩国汉语教学实际的教学模式之一。

根据团队教学的分工原则，在韩国教师解决了语法知识讲授和词语知识讲解的基础上，中国教师就可以非常顺利地进行汉语口语训练。多年来的教学实践表明：根据对学生实际汉语水平的了解和掌握，在厘清口语训练的整体思路并严格遵循具体训练过程的基础上，我们不仅能更快地提高学生的朗读能力、跟读能力和听读能力，而且也能快速地提高学生的成段复述能力、看图表述能力和自我表达能力。可以说，只要根据团队教学的分工，抓住口语训练从视觉信息向听觉信息的转化过程，就能达到事半功倍的口语训练效果。

【参考文献】

［1］李晓琪：《对外汉语口语教学研究》，商务印书馆 2006 年版。

［2］李滢镐：《略论汉语教学的效率和课题》，《中国人文科学》2003 年第 27 辑，第 131—141 页。

［3］孔丽华、金恩柱、梁万基：《对"对外汉语教学"的几点思考》，《中国语教学研究》2005 年创刊号，第 43—53 页。

［4］骆明弟：《试论韩国学生心理因素对汉语学习的影响及应对策略》，《中国人文科学》2003 年第 27 辑，第 115—130 页。

［5］王一平、梁万基：《谈中韩教师汉语教学上的合作教学（team teaching）模式》，《中国人文科学》2002 年第 25 辑，第 105—114 页。

［6］阎立钦：《语文教育学引论》，高等教育出版社 1996 年版。

［7］赵春利、杨才英：《对外汉语教学初级阶段语感培养的原则》，《语言教学与研究》2002 年第 1 期，第 61—66 页。

［8］赵春利：《试论对外汉语教学中"忆读"的方法和功能》，《暨南大学华文学院学报》2004 年第 2 期，第 26—32 页。

［9］赵春利：《从教学法角度谈"读"的性质、作用及意义》，载《对外汉语阅读研究》，周小兵、宋永波主编，北京大学出版社 2005 年版，第 169—183 页。

本章部分内容摘自《语感问题与第二语言信息转换教学法》，与杨才英合作发表于《现代中国语研究》2002 年第 4 期，第 131—142 页。

部分内容摘自《谈韩国团队教学中口语课的教学方案》，与梁万基合作发表于《中国人文科学》2008 年第 39 辑，第 143—157 页。

第十一章　语感训练的言语转化率

就语言符号自身特性而言，有可视性、可听性、可说性、可写性；而对每一个具有言语能力的使用者而言，语言符号以四种主体存储方式存在于语言使用者的大脑中，即视觉词汇语法、听觉词汇语法、口头词汇语法和书写词汇语法。事实上，对于众多的第二语言学习者而言，其视觉词汇语法远远大于听觉词汇语法，而听觉词汇语法又远远大于口头词汇语法和书写词汇语法。这是典型的外语学习中的瓶颈现象，如何促进学生由读到听到说的转化，是第二语言教学培养学生言语能力的根本所在。根据对外汉语教学的实际，结合哲学、心理学、认知学和语言符号理念，设计的"信息量转换教学法"，不仅能通过留学生读、听、说、写在词汇、语法及其相关的句式上的内化和转化来提高汉语语感能力，而且还可以将四者之间的转化率量化，通过对比班的教学对照，来验证信息转化教学法在促进言语能力由读到听到说的转化以及形成语感能力上的高效性和普遍性。

第一节　语言符号的记忆特征

作为一种重要的交际符号系统，语言符号自身有四大特征，即可视性 、可听性、可说性和可写性。而每一个语言学习者和使用者有与之相应的四种记忆方式，即 vision-minded（视觉记忆）、audio-minded（听觉记忆）、oral-minded（口头记忆）和书写记忆（literacy-minded）。与之对应的是，所记忆的语言符号就有四种存储特征，即以语义为主的视觉词汇语法，以语音为主的听觉词汇语法、以音义结合为主的口头词汇语法和以形义结合为主的书写词汇语法，人类生理学的大脑研究已经证明了大脑的记忆分区特点，病理学的失语症也为语言分区的存在提供了有力的佐证。而对言语者来说，形成了侧重点有所不同的四种言语能力，即视觉语感、听觉语感、口头语感和书写语感。

中介语理论在揭示了母语对第二语言学习的正负迁移的同时，却忽视了在语言符号的不同存储方式上，母语对第二语言的影响是不同的，例如，在对第二语言的"阅"读上，母语对其的影响比之"听"说来说，是很小的。这一点已经被很多留学生所证实。因为阅读者完全可以根据第二语言的视觉符号特征借助词典来阅读，带有很强的再认性，而听觉与口语却根据声音和所理解的意义来进行，而声音比较抽象，因此，很难有所依托。从这个角度讲，如何促进受母语影响较小的视觉词汇语法转化为听觉、口头和书写词汇语法，就成为设计第二语言教学方式的一个重要立足点。

作为第二语言教学的对外汉语教学，也存在着同样的问题。留学生依据掌握的视觉词汇和语法能看懂很多文章了，但是却听不懂，有时候听懂了却又不会说、不会写，阅读能力远远地超过了听、说、写的能力。存在的这种现象，究其实质，不是说留学生的阅读水平已经很好了，而是说学生的"阅读"与"听、说、写"之间存在着严重的失衡，而且从初级阶段、中级阶段到高级阶段这种失衡状况一直存在，如果我们在教学上不能认识到这种状况的话，甚至以阅读为先导的教学状况愈演愈烈，那么，随着学生阅读能力的逐步提高，"阅读"与"听"以及"说"和"写"的距离就会越拉越大。

因此，缩短读、听、说和写四者之间的距离是第二语言语感能力形成的关键，认识到言语能力的这种内在机制，结合语感内化理论，在教学上，根据人所具有的视觉性记忆、听觉性记忆、口头性记忆和书写性记忆这四种记忆能力，提出了促进留学生的词汇语法由视觉向听觉、口语和书写转化的内在转化机制理论及其相应的教学训练方法。与之相应，还要把词汇和语法在视觉、听觉、口头和书写四个方面的转化比例与转化速度通过数字表现出来，而这一研究在第二语言能力的训练和语感的培养上有着不可或缺的作用。它既能发挥语境教学的作用，还能在听、说、读、写中培养学生的第二语言的言语能力和语感。它既能使语法教学的效果真正得到巩固，又能很好地培养学生成段表达的能力。

表11—1 　　　　　　　　　语言符号与语言主体的对应关系

语言的符号特征	语言的符号存储特征	语言的主体记忆特征（有意识）	语言的主体能力特征（无意识）
视觉符号—可视性	视觉词汇语法（义）	视觉记忆	视觉语感
听觉符号—可听性	听觉词汇语法（音）	听觉记忆	听觉语感
口头符号—可说性	口头词汇语法（音义）	口头记忆	口头语感
书写符号—可写性	书写词汇语法（形义）	书写记忆	写作语感

第二节　言语转化率对比表

信息转换教学法就是根据语言在读、听、说、写四个方面的符号特征、存储特性、记忆特性而设计的，因此，有利于促进读、听、说、写的能力内化和信息转换，从而提高留学生的语感能力。

为了验证信息转换教学法的科学性和有效性，我们使用不同的教学法对初级阶段的六个汉语进修班进行了三年对比分析。

从1998年9月至2001年12月三年多的时间里，我们每年每学期教两个零起点的进修班，非常有利于分成控制班和实验班两个平行班，从而对比研究信息转换教学法和其他教学法的差异。A1 控制班采用较为传统的语法翻译法、阅读法、认知法等；A2 实验班采用信息转换教学法。为了便于统计与对比，我们忽略了学生的知识背景、学习动机、母语差异等因素，对三年六届平行班零起点留学生 180 个课时内所掌握的词汇语法句式进行记录，课型为综合性的精读，其所依据的教材是邓懿主编的《汉语初级教程》（一、二册），因此，词汇语法句式主要源于此教材的课文。记录内容是每个学生每次课对语篇在阅读、听力和口头上的正确率。因为留学生在阅读语篇的词汇、语法和句式时很少读错，而且语速较快，所以测试以阅读为基本底线，对比学生视觉词汇语法句式—听觉词汇语法句式—口头词汇语法句式的转化率高低（由于语言要素的内化率以及书写词汇语法句式难以操作和统计，在此暂且不做对比）。

关于测试情况简单说明如下：

被　试　者：留学生；

被试单位：控制班与实验班，每班为大约 30 人；

年　　龄：17—40 岁；

国　　籍：以韩国、日本为主，还有挪威、德国、美国、俄罗斯、瑞士、瑞典；

被试人数：六届学期共计 358 人；

汉语水平：零起点；

学习时间：180 课时/18 周；

测试内容：邓懿主编的《汉语初级教程》（一、二册）课文的词汇语法句式；

统计方法：四个月内单个记录每个学生每次课的对所读课文的听与说的正确率并在学期末以班级为单位平均；

转　化　率：视听转化率是听的正确信息量与读的信息总量之比；听口转化率是口头复述的正确信息量与听的信息总量之比；视口转化率是口头复述的正确信息量与读的信息总量之比。信息量又从词汇、语法和句式三个方面分别给予考察。

计算方法：

$$\text{词汇视听转化率} = \frac{\dfrac{\text{单个学生听的词汇正确信息量}}{1+2+\cdots+n\,\text{个学生}}}{\text{单个学生读的信息总量} \times n\,\text{个学生}} \times 100\%$$

（下列各表中的每个格子里有两个数字，前者为 A1 控制班，后者为 A2 实验班）

181

表11—2　　　　　　　　　　　　词汇转化率对比

对比项目 对比比率	总词量	名代词	动词	形容词	量词	副词	连词	介词	助（动）词
视觉词汇	879/879	421/421	183/183	96/96	26/26	46/47	8/8	9/9	17/17
听觉词汇	656/786	363/387	143/158	96/81	21/23	30/34	4/6	6/7	13/13
口语词汇	535/723	322/364	108/132	54/67	19/20	22/29	3/5	3/5	4/8
视听转化率	75%/91%	86%/92%	78%/86%	79%/85%	81%/89%	65%/73%	50%/75%	67%/78%	77%/77%
听口转化率	81%/93%	89%/94%	76%/84%	71%/82%	90%/87%	73%/85%	75%/83%	50%/71%	31%/62%
视口转化率	61%/83%	77%/86%	59%/72%	56%/70%	73%/77%	48%/62%	38%/63%	33%/56%	24%/47%

表11—3　　　　　　　　　　　　语法转化率对比

项目 比率	班级	主语	谓语		宾语	定语	状语		补语			
			动谓	形谓			时状	处状	时量	结果	状态	趋向
视觉语法	A1	4736	3783	594	3815	2631	3832	3569	882	970	924	2765
	A2	4736	3783	594	3815	2631	3832	3569	882	970	924	2765
听觉语法	A1	3997	2983	468	2963	1985	2904	2636	689	840	767	1853
	A2	4262	3291	511	3281	2104	3104	2820	723	892	804	2101
口语语法	A1	3462	2539	381	2439	1433	2376	2038	534	767	631	1307
	A2	3921	2896	450	2920	1704	2700	2341	615	847	724	1680
视听转化率	A1	84%	79%	79%	78%	75%	76%	74%	78%	87%	83%	67%
	A2	90%	87%	86%	86%	80%	81%	79%	82%	92%	87%	76%
听口转化率	A1	87%	85%	81%	82%	72%	82%	77%	78%	91%	82%	70%
	A2	92%	88%	88%	89%	81%	87%	83%	85%	95%	90%	80%
视口转化率	A1	73%	67%	64%	63%	55%	62%	57%	61%	79%	68%	47%
	A2	83%	77%	76%	77%	65%	71%	66%	70%	87%	78%	61%

表 11—4　　　　　　　　　　常用句式转化率对比

项目 比率	班级	肯定句	否定句	一般疑问句	特殊疑问句	正反疑问句	"把"字句	"比"字句
视觉句式	A1	4381	3924	1678	2857	1739	1832	976
	A2	4381	3924	1678	2857	1739	1832	976
听觉句式	A1	3561	3072	1250	2349	1108	1174	691
	A2	3785	3265	1356	2554	1362	1304	784
口语句式	A1	3079	2548	1015	2104	961	852	533
	A2	3395	2854	1127	2332	1094	1059	637
视听转化率	A1	81%	78%	75%	82%	64%	64%	71%
	A2	86%	83%	81%	89%	78%	71%	80%
听口转化率	A1	86%	83%	81%	90%	87%	73%	77%
	A2	90%	87%	83%	91%	80%	73%	81%
视口转化率	A1	70%	65%	61%	74%	55%	47%	55%
	A2	78%	73%	67%	82%	61%	58%	65%

　　从以上的统计可以看出：首先，实验班的词汇的转化率（89%）平均比控制班（72%）高 17 个百分点左右；语法转化率（81%）比控制班（74%）平均高出 7 个百分点；句式转化率（78%）比控制班（72%）平均高出 6 个百分点；实验班的各项平均的转化率（83%）比控制班（73%）高出 10 个百分点。这一数据充分说明了信息转换教学法的可行性和有效性；其次，实验班的平均词汇量远远地高于控制班的平均词汇量，这就为留学生的读、听、说、写打下了良好的基础；再次，在口头表达能力方面，实验班的学生明显地好于控制班，实验班学生的开口率非常高，他们往往能克服开口表达的恐惧心理；最后，从总体上看，无论是实验班，还是控制班，听口的转化率在各项比较中都是最高的，实验班的听口转化率为 88%，控制班的转化率为 81%，这从实验角度用数据证明了听说法的优势，而吸纳了听说法优点的信息转换教学法的转化率又是最高的。

　　总之，信息转换教学法为解决学生读、听、说、写在信息量方面的瓶颈问题打开了一个缺口，它既能增强对教学内容的控制、选择和导向，又能为检测学生的学习效果和教师的教学质量提供了一个量化的标准，从而使教学过程更具有可操作性和目的性。作为一种新的教学法，基于现象学、心理学、生理学、语言学的有关理论并吸收其他教学法的长处的信息转换教学法已经显示了它的长处，与传统的以语法为主的精读教学法相比，它能为学生打下扎实的初级语感基础。

【参考文献】

[1] 邓懿：《汉语初级教程》，北京大学出版社 1987 年版。

[2] ［德］胡塞尔：《经验与判断》，邓晓芒、张廷国译，生活·读书·新知三联书店 1996 年版。

[3] 陆俭明：《八十年代中国语法研究》，商务印书馆 1993 年版。

[4] 盛炎：《语言教学原理》，重庆出版社 1990 年版。

[5] 索绪尔：《普通语言学教程》，商务印书馆 1980 年版。

[6] 邢公畹：《论"语感"》，《语言研究》1981 年第 1 期，第 15—19 页。

[7] 杨寄洲、崔永华：《对外汉语课堂教学技巧》，北京语言文化大学出版社 1997 年版。

[8] 赵春利、杨才英：《对外汉语教学初级阶段语感培养的原则》，《语言教学与研究》2002 年第 1 期，第 61—66 页。

[9] 赵艳芳：《认知语言学概论》，上海外语教育出版社 2001 年版。

[10] David W. Carroll. *Psychology of Language*. Foreign Language Teaching and Research Press，2000.

[11] Halliday，H. A. K. *An Introduction to Functional Grammar*. London：Edward Arnold，1985.

[12] Stephen C. Levinson. *Pragmatics*. Cambridge University Press，1983.

本章部分摘自《语感问题与第二语言信息转换教学法》，与杨才英合作发表于《现代中国语研究》2002 年第 4 期，第 131—142 页。

部分摘自《谈信息转换教学法的言语转化率问题》发表于《语言研究》2002 年特刊，第 213—218 页。

第十二章　语感教学的核心理念

信息转换教学法的核心理念就是以"读"为基点和核心促进视觉信息向听觉信息、口语信息和书写信息的内化和转化，从而促进"听""说""写"为基本言语能力的语感提高，因此，以"读"为核心的教学技巧非常丰富，具有较强的灵活性。信息转换教学法在"读"时应该注意三个策略：言文合一与强弱转换策略、循序渐进与点面结合策略、因材施教与张弛有度策略，并体现出信息转换教学法信息删减从具体到抽象、信息流动从外在到内在、言语能力从分化到整合的三大特点。

第一节　以"读"为核心的多种教学技巧

从具体操作技巧上看，无论初级、中级或高级，在使用信息转换教学法的整个教学过程中，视听读法、视读法、听读法、读写法、问答法、图画提醒法、扩展法、集体朗读法、分角色朗读法等都可以穿插运用，事实上，"读"已经变成了对视觉信息的"读"、对听觉信息的"听"和对内化信息的"说"了。下面只是简单介绍三种教学技巧。

首先，视听读法。

就是学生运用视觉和听觉相应地把视觉信息和听觉信息通过口头有声地复述出来。这是一种以信息的输入并与原有知识结构结合起来为主的技巧。在操作上可注意以下几点：一是视觉信息可以写在纸张上，也可以写在易于变换的黑板或投影上。听觉信息可以通过固定性的音响，也可以通过易于调整的教师领读。二是在教学过程中，我们可以在易于变换视觉信息的黑板或投影上，采用减少视觉信息从而增加听觉信息的技巧，当学生掌握了一定的视觉和听觉教学信息以后，教师可以通过提示性的问题来检测学生的内化理解程度，逐步把较为具体的视觉信息转化为较为抽象的听觉信息。三是教师领读的信息单位也应该由词语到词组、从词组到句子、从单句到复句有一个循序渐进的过程；语速也应该由慢到快，逐步增加视觉和听觉的难度。

其次，视读法。

就是学生运用视觉或者记忆相应地把外在变动的视觉信息或者内在的存储信息链接起来并通过口头复述出来。在操作上可注意以下几点：一是淡化视觉信息的时候，应该坚持学生已知的内存信息优先淡化的原则，以期达到突出新信息、链接新旧信息的目的。从而使新的信息单位以形、音、义的形式与已知的固定知识结构结合起来，利于新信息的前景化。二是应该注意尽量保持句子与句子之间的意义联系，特别是句与句间的衔接关系和语篇整体的连贯，在逐步淡化视觉信息的过程中，通过汉语语篇的教学，促进学生汉语语法结构和意义衔接关系的内化和转化，培养学生的良好语感。三是教师并不是简单地通过淡化视觉信息以增加学生视读的难度为己任，而是要根据学生的实际水平，在淡化视觉信息的同时，也应该逐步淡化听觉信息的数量，尤其注意转变听觉信息的功能，即把以输入信息为目的的视觉听觉信息的重复性提示性功能转变为以输出信息为目的的刺激性检验性功能。要充分利用相关信息的暗示作用。相关信息可以分为两类，视觉信息和听觉信息。前者包括与语篇相关的实物、手势、表情、图画、文字、情景等；后者包括提出与语篇有关问题、关键词提醒、直接告知等。

最后，听读法。

就是学生运用听觉把听到的外在听觉信息或者外在听觉信息所激发起来的内在存储信息复述或陈述出来。这是一种巩固性和检验性的教学技巧，是力求把信息降低到最为抽象的程度或者把内存信息诱发出来的过程。在操作上可注意以下几点：一是教师应该把学生所听到的信息在信息量、信息流速和信息清晰度上加以控制，以期在难度上与学生的可接受度相适应，达到"跳一跳，摘到桃子"的效果。二是提示性信息与检验性信息穿插展示，以引起学生把外在信息和内在信息通过输入和输出结合起来，在这个过程中，也淡化了读和说的区别，使学生在"读"（包括"说"）中协调了口头表达所需要的各个器官的关系。

总之，根据语感本质界定以及现象学意向性理论、完形心理学以及发生认识论，提出了语感形成的内化理论和转化理论，根据第二语言教学的实际和理论，创建并实践了信息转换教学法，它是通过外在语言信息和非语言信息形式的内化和转化，使语言要素与认知结构结合形成语言系统；使视觉信息向听觉信息、向口头信息和书写信息转化；在内化和转化过程中，通过视觉信息量递减—听觉信息量递增后递减—口头表达难度递增的训练技巧，构建大脑不同区域功能的联系，从而培养留学生良好的语感能力。

可以说，在把视觉信息转化为听觉信息，然后转化为口头信息和写作信息的过程中，作为教学技巧的"读"起着信息源和转换器的作用，这种技巧既能部分地解决读、听、说、写间的瓶颈问题，因为从读到听、说、写的过渡具有很高的言语转化率，同时也能有效地培养学生的汉语语感。

第二节　信息转换教学法的基本策略

通过教师讲解和领读，留学生对视觉信息已经有了感性的认识以后，视觉文字信息已经程度不同地内化，并通过理解力、想象力与已有的知识和认知结构结合起来，但是由于视觉信息的新旧程度、熟悉度以及与已有知识结构结合的牢固度和提取的速度不同，因此在变换信息量和信息形式时，信息转换教学法应该注意以下三个基本策略。

首先，言文合一、强弱转换策略。

信息转换的本质就是言文合一，从文到言或者从言到文的言文合一就是将阅读的视觉信息、听力的听觉信息、口语的口头信息和写作的书写信息双向结合起来，将输入的视听信息与输出的说写信息双向结合起来，将读懂、听懂的信息也要能说出、写出，真正达到"言文并重、言文转换"的言文合一境界。由于言语能力的差异，信息转换坚持从强到弱、从大到小的信息变换，就是要把强言语能力所能处理的语言信息转换为弱言语能力也能处理的信息，如把听懂的信息转换为能说出的信息，从而提高口头表达能力。把强言语能力所存储的大量信息转换为弱言语能力也能存储的信息，如把眼睛能看懂的大量视觉信息转换为耳朵能听懂的听觉信息，从而使听力得到提高。

其次，循序渐进、点面结合策略。

循序渐进就是视觉信息量的淡化和听觉信息量的增加应该坚持由易到难、由已知到新知、由具象到抽象的理念，每次的信息变换量的大小要根据学生的实际水平，每次变换太多，学生记忆压力太大，过于紧张；变换太少，学生缺乏足够的紧张度和关注度，学习松散。点面结合就是每次视觉信息与听觉信息的转换量不可过于集中而增加视觉填补时试图回忆的难度，即转换的信息量分散化，应该坚持在词性、语法成分和句式上多头交叉，不可过于单一或整齐划一，流于枯燥无味，要使留学生仍然能依据自身已有的知识结构、尚存的视觉信息和听觉信息的提示、语境、内化的新信息等将剩余的视觉信息连为一个整体，注意保留词语和句式的一定联系，使学生能通过想象力和间断的视觉词语和听觉信息的重复提示，将语篇的内容联系起来，并通过口头或书写表达出来。在这个过程中，"读"已经转换为对视觉信息的"读"和对听觉信息的"听"以及对内存信息的"说"了，如果坚持学生用手"写"下"读、听、说"的信息，那将是读、听、说、写的合一。

最后，因材施教、张弛有度策略。

按照每个学生的实际水平一个一个地提问学生，既可以因材施教，保护学生学习的自信心，又可以使学生保持足够的紧张度。缺点是检查时间太长，检查过的学生就会变得懒散；多个学生集体检查，可以使学生对教学内容的关注时间长，心理上处于恰当的紧张状态，缺点是不宜于因材施教，不能纠正单个学生特有的错误，可以把单个训练与集体训练结合起来交替进行教学检查，使教学节奏张弛有度。老师的领读和提示应该保证有一定的重复率，以减轻学生的心理压力和过度紧张，可以采取教师集体领读和单独领读——照顾发音不太好的学生——的方法；还可以采取从学习不太好的学生到学习较好的学生单个朗读复述表达的方法，从而创造一种既有一定紧张度又有一定轻松感的教学气氛。

以汉语为第二语言的学生一般都是成年人，而成年人所接收的信息量远远地大于输出的信息量，在接收信息中，眼睛所接收的视觉性的阅读信息量又远远地大于耳朵所接收的听觉性的听力信息量，在输出信息中，口头表达的便捷性使得口头输出的信息量大于书写输出的信息量，因此，一般来说，留学生的言语能力按读、听、说、写依次递减，即读＞听＞说＞写。信息转换教学法就是要缩短强言语能力（如：读）与弱言语能力（如：听、说、写）之间的差距，使它们趋于平衡。我们知道不同的输入信息形式（文字或语音）形成不同的言语能力（阅读或听力），而不同的输出信息形式（文字或语音）反映出不同言语能力的高低（写作或口语），因此信息形式在言语能力的形成、检验中起着核心作用，言语能力的高低最终都表现为输入输出信息量的大小。信息转换教学法就是以信息的展示方式为基础，以教师的引导方式和学生的接收方式为两翼，通过变换信息形式和信息量使弱言语能力向强言语能力靠拢，从而打破言语能力间的不平衡性的。

第三节　信息转换教学法的主要特点

首先，信息删减从具体到抽象。教师领读过程中的视觉文字信息量的趋减与听觉信息量的趋增是一个过程的两个方面，其本质就是把静态直观的文字形式的视觉信息逐步转化为较为抽象的、稍纵即逝的声音形式的听觉信息。这种听觉信息具有两个作用：一是把剩余文字信息与缺失文字信息联系起来，使整个语篇在信息量上仍然保持完整，还能把学生的注意力吸引到听觉信息上，增强对学生听感的冲击力；二是若单纯地训练听力，极易引起学生的疲劳感，注意力容易转移，原因就是听觉信息的即逝性，难于捕捉，而学生对基于视觉信息上的听觉信息有一定的熟知度，能增强其信心，减少其恐惧心理，同时学生还必须借助听觉信息来补充缺失的视觉信息，这种视听说的心理连接过程就具有一定的心理张力。

其次，信息流动从外在到内在。从外在形式上看，好像只是教师的范读、领读，学生的听读、跟读、朗读，从内在信息流动上说，随着信息形式和信息量的变化，学生的紧张度也在增加，它能把学生的诸种心理技能（想象力、理解力、记忆力等）和已有的知识结构及其信息量充分调动起来。文字信息由视觉向听觉的流动过程属于内化和吸收过程，既是信息输入大脑的过程，同时也是文字信息口头化、巩固化的过程，因为无论是教师的"范读""领读"，还是留学生的"听读""跟读""朗读"，始终都可以穿插或伴随着对新旧信息的"说"甚至"写"。

最后，言语能力从分化到整合。消解技能间的分化观，即从读、听到说、写的自然转化性。随着视觉信息的趋减，"读"已经变为对视觉信息的"读"、对听觉信息的"听"和对内化信息的"说"。"读"的性质和作用成为教学过程的主线。当然，在实际教学中，领读和朗读可以互相穿插进行；如果语篇的内容和言语形式难度较大，也可以根据学生的水平调整视觉信息量的多少；当视觉信息量减少到零，视觉信息量完全转化为听觉信息量，而学生在无视觉信息的提示下仍然能按照口语语速（每分钟 75—120 个字）"读"出全部视觉内容时，文字信息实际上已经转化为"说"的口语信息了，最终，学生的读、听、说、写能力就会受到综合训练而得到提高。

【参考文献】

［1］邓懿：《汉语初级教程第一册》，北京大学出版社 1993 年版。

［2］吕必松：《对外汉语教学概论》，北京语言文化大学出版社 1996 年版。

［3］吕叔湘：《中学教师的语法修养》，《中学语文教学》1984 年第 10 期，

转载《吕叔湘全集》第十一卷，辽宁教育出版社 2002 年版，第 149—155 页。

［4］邵敬敏：《汉语语法的立体研究》，商务印书馆 2000 年版。

［5］盛炎：《语言教学原理》，重庆出版社 1990 年版。

［6］阎立钦：《语文教育学引论》，高等教育出版社 1996 年版。

［7］杨惠元：《汉语听力说话教学法》，北京语言学院出版社 1996 年版。

［8］杨寄洲：《汉语教程》第二册（下），北京语言文化大学出版社 1999 年版。

［9］赵春利、杨才英：《言语行为中语感的逻辑界定》，《长江学术》2002 年第 1 期，第 210—219 页。

［10］赵艳芳：《认知语言学概论》，上海外语教育出版社 2001 年版。

［11］张德禄：《功能文体学》，山东教育出版社 1998 年版。

［12］朱德熙：《从作文和说话的关系谈到学习语法》，《语文学习的基础》，商务印书馆 1980 年版，转载《朱德熙文集》第 4 卷，商务印书馆 1999 年版，第 303—307 页。

［13］Banich, M. T. *Neuropsychology：The neural bases of mental function.* Boston：Houghton-Mifflin, 1997.

［14］Bigler, E. D. The neurobiology and neuropsychology of adult learning disorders. *Journal of Learning Disabilities*, 1992, 25, 488 – 506.

［15］Casanave, C. P. Comprehension Monitoring in ESL reading：a neglected essential. *TESOL Quarterly*, 1988, 22/2：283 – 302.

［16］Clark, E. V. *Awareness of Language：Some evidence from what children say and so.* In A. Sinclair, R. J. Jarvella, & W. J. M. Levelt（Eds.）, *The Child's Conception of Language*, New York：Springer-Verlag, 1978.

［17］Heine, Bernd. *Cognitive Foundations of Grammar*, Oxford University Press, 1997.

［18］Lamb, Sydney M. *Pathways of the Brain.* John Benjamins Publishing Company, 1999.

本章部分摘自《语感问题与第二语言信息转换教学法》，与杨才英合作发表于《现代中国语研究》2002 年第 4 期，第 131—142 页。

部分摘自《试论对外汉语教学中"忆读"的方法与功能》发表于《暨南大学华文学院学报》2004 年第 2 期，第 26—32 页。

部分内容摘自《从教学法角度谈"读"的性质、作用及意义》，载《对外汉语阅读研究》（周小兵、宋永波主编），北京大学出版社2005年版，第169—183页。

部分摘自《基于新言文观的对外汉语教学研究》与张皓得合作发表于《三重证据法：语言·文字·图像》（孟华主编），吉林大学出版社2009年版，第174—189页。

后　记

　　1998 年 6 月 28 日，我从母校武汉大学硕士毕业，冒着百年难遇的滂沱大雨，坐上从湖北武汉开往山东青岛的火车，一路 30 多个小时的颠簸，终于到达了我工作的第一站青岛海洋大学（2002 年改为中国海洋大学）。

　　我的硕士专业是哲学美学，主攻德国古典哲学，特别是康德哲学和美学，开始工作的两三年给中国本科生上了不少的哲学课和美学课，然而，19 世纪 90 年代末 20 世纪初，正是"中国热"转为"汉语热"的关键时期，由于青岛曾是德国的殖民地，保留着大批德式建筑，离韩国和日本又很近，是中国第一批改革开放的沿海城市，拥有着"红瓦绿树、碧海蓝天"避暑旅游胜地之美誉，这一得天独厚的历史、地理和环境，吸引着大批留学生，特别是韩国和日本学生来中国海洋大学进修汉语，而我一参加工作就被"汉语热"的洪流裹挟着懵懵懂懂地站在了对外汉语教学的讲台上，一站就是十年。

　　从 1998 年到 2008 年，十年的对外汉语教学使我完成了三大转变：其一，专业方向的转变。从"务虚哲学"经过"务用教学"到"务证语言学"的转变，近似于哲学学科从本体论到认识论再到语言学转向。我从注重理论、系统、抽象和辨析的哲学，经过对外汉语教学的实用、有效、具体和简洁的十年洗礼，找到了当前的研究志趣：既要理论也要实践、既要辨析也要证明、既要定量也要定性的语法学，完成了"正反合"的一次辩证。其二，教学思想的转变。从开始注重知识灌输的记忆性教学，经过对外汉语输入知识与输出能力的对比分析到基于知识而指向能力的教学思想转变，不仅是针对留学生的对外汉语教学，而且针对中国学生的中文教学，都逐渐贯穿了"寓知识传授于能力培养"的理念。其三，教学方法的转变。"语感"既是一个需要理论探讨的哲学命题，也是一个语言培养面临的教学命题，更是一个集理论与实践于一体的语言学命题。从宏观上看，留学生的汉语水平有一个从初级到中级再到高级的发展过程，但提高的速度并不同步；从中观上看，同一班级留学生的汉语水平也是参差不齐；从微观上看，大多数学生的汉语能力呈现出"读、听、说、写"依次递降的趋势，据此，从把"读、听、说、写"机械分开分别训练的方法转变为"读、听、说、写"依次转换、信息共享、提升语感的"信息转换教学法"，十年践行，颇受师生欢迎。

值此拙著出版之际，感谢武汉大学求学期间栽培我的刘纲纪教授、邓晓芒教授、陈望衡教授、刘清平教授和范明华教授等诸多恩师，感谢中国海洋大学工作期间帮助我的杨自俭、张德禄、李扬、黄亚平、孟华、朱自强、周红、邢军、孙兰等教授，感谢澳大利亚西澳大学、韩国檀国大学、韩国汉拿大学、香港理工大学等曾一起工作过的 Gary Sigley、张皓得、裴银汉、黄铉国、梁万基、金恩柱、申宜暻、朱志瑜、张其帆等教授。

感谢我的博士生导师邵敬敏教授，恩师的谆谆教导使我的学术研究冒出了一定的开拓性和战略性，感谢我的博士后导师石定栩教授，恩师的高瞻远瞩使我的学术研究具有了一定的国际性和前瞻性。

感谢我的爱人杨才英副教授为我的学术研究提供温馨的家庭环境，她既要做学术研究，还要照顾家庭，无怨无悔，任劳任怨，做出了巨大牺牲，十几年来，跟随我走南闯北，颠沛流离，不离不弃；感谢儿子赵言之的聪明乖巧，健康活泼，为三口之家带来了无尽的欢乐和美好的憧憬！

感谢暨南大学文学院院长程国赋教授对本书出版的鼎力支持！感谢中国社会科学出版社的刘艳编辑的热心帮助！

　　谨以此书献给生育我养育我的父母，"子欲养而亲不待"的伤感和无奈时时鞭策我当铭记父母的教诲，每天都要做有价值有意义的事情。

赵春利　题记于广州石牌

2017 年 3 月 20 日